U0575299

世界五千年
科技故事丛书

卢嘉锡题

《世界五千年科技故事丛书》
编审委员会

丛书顾问　钱临照　卢嘉锡　席泽宗　路甬祥

主　　编　管成学　赵骥民

副 主 编　何绍庚　汪广仁　许国良　刘保垣

编　　委　王渝生　卢家明　李彦君　李方正　杨效雷

世界五千年科技故事丛书

生物学革命大师

达尔文的故事

丛书主编　管成学　赵骥民

编著　赵骥民

吉林出版集团｜吉林科学技术出版社

图书在版编目（CIP）数据

生物学革命大师：达尔文的故事 / 管成学，赵骥民主编.
-- 长春：吉林科学技术出版社，2012.10（2022.1重印）
ISBN 978-7-5384-6092-6

Ⅰ.①生… Ⅱ.①管… ②赵… Ⅲ.①达尔文，C.（1809～1882）
—生平事迹—通俗读物 Ⅳ.①K835.616.15-49

中国版本图书馆CIP数据核字（2012）第156235号

生物学革命大师：达尔文的故事

主　　编　管成学　赵骥民
出 版 人　宛　霞
选题策划　张瑛琳
责任编辑　朱　萌
封面设计　新华智品
制　　版　长春美印图文设计有限公司
开　　本　640mm×960mm　1 / 16
字　　数　100千字
印　　张　7.5
版　　次　2012年10月第1版
印　　次　2022年1月第4次印刷

出　　版　吉林出版集团
　　　　　吉林科学技术出版社
发　　行　吉林科学技术出版社
地　　址　长春市净月区福祉大路5788号
邮　　编　130118
发行部电话 / 传真　0431-81629529　81629530　81629531
　　　　　　　　　　81629532　81629533　81629534
储运部电话　0431-86059116
编辑部电话　0431-81629518
网　　址　www.jlstp.net
印　　刷　北京一鑫印务有限责任公司

书　　号　ISBN 978-7-5384-6092-6
定　　价　33.00元
如有印装质量问题可寄出版社调换
版权所有　翻印必究　举报电话：0431-81629508

序 言

十一届全国人大副委员长、中国科学院前院长、两院院士

（签名）

放眼21世纪，科学技术将以无法想象的速度迅猛发展，知识经济将全面崛起，国际竞争与合作将出现前所未有的激烈和广泛局面。在严峻的挑战面前，中华民族靠什么屹立于世界民族之林？靠人才，靠德、智、体、能、美全面发展的一代新人。今天的中小学生届时将要肩负起民族强盛的历史使命。为此，我们的知识界、出版界都应责无旁贷地多为他们提供丰富的精神养料。现在，一套大型的向广大青少年传播世界科学技术史知识的科普读物《世

界五千年科技故事丛书》出版面世了。

由中国科学院自然科学研究所、清华大学科技史暨古文献研究所、中国中医研究院医史文献研究所和温州师范学院、吉林省科普作家协会的同志们共同撰写的这套丛书，以世界五千年科学技术史为经，以各时代杰出的科技精英的科技创新活动作纬，勾画了世界科技发展的生动图景。作者着力于科学性与可读性相结合，思想性与趣味性相结合，历史性与时代性相结合，通过故事来讲述科学发现的真实历史条件和科学工作的艰苦性。本书中介绍了科学家们独立思考、敢于怀疑、勇于创新、百折不挠、求真务实的科学精神和他们在工作生活中宝贵的协作、友爱、宽容的人文精神。使青少年读者从科学家的故事中感受科学大师们的智慧、科学的思维方法和实验方法，受到有益的思想启迪。从有关人类重大科技活动的故事中，引起对人类社会发展重大问题的密切关注，全面地理解科学，树立正确的科学观，在知识经济时代理智地对待科学、对待社会、对待人生。阅读这套丛书是对课本的很好补充，是进行素质教育的理想读物。

读史使人明智。在历史的长河中，中华民族曾经创造了灿烂的科技文明，明代以前我国的科技一直处于世界领先地位，涌现出张衡、张仲景、祖冲之、僧一行、沈括、郭守敬、李时珍、徐光启、宋应星这样一批具有世界影响的科学家，而在近现代，中国具有世界级影响的科学家并不多，与我们这个有着13亿人口的泱泱大国并不相称，与世界先进科技水平相比较，在总体上我国的科技水平还存在着较大差距。当今世界各国都把科学技术视为推动社会发展的巨大动力，把培养科技创新人才当做提高创新能力的战略方针。我国也不失时机地确立了科技兴国战略，确立了全面实施素质教育，提高全民素质，培养适应21世纪需要的创新人才的战略决策。党的十六大又提出要形成全民学习、终身学习的学习型社会，形成比较完善的科技和文化创新体系。要全面建设小康社会，加快推进社会主义现代化建设，我们需要一代具有创新精神的人才，需要更多更伟大的科学家和工程技术人才。我真诚地希望这套丛书能激发青少年爱祖国、爱科学的热情，树立起献身科技事业的信念，努力拼搏，勇攀高峰，争当新世纪的优秀科技创新人才。

目 录

人生的第一课堂

　　在英格兰西部希罗普郡塞文河畔的施鲁兹伯里小镇上，住着一户姓达尔文的人家。户主是一位医生，名叫罗伯特·韦林·达尔文（1766—1848）。罗伯特医生曾获得过医学博士学位，医术高超，为人善良，深得人们的信任和尊敬。因此向他求医的人络绎不绝，故而收入颇丰，家境富有。

　　达尔文家的房子是一幢的长方形红砖楼房，高两层半，旁边还有一处美丽的花园。这是一座漂亮的建筑，坐落在城北的塞文河南岸，处于全城的最高点，被称为

"蒙特"宅。站在楼房顶上，可俯瞰城市中的高楼大厦，远眺牧场的猪马牛羊。宛如卧龙的塞文河一曲三折地穿过市中心，河水清澈透明，水流平缓；河两岸树木郁郁葱葱，苍翠欲滴。这真是一块人杰地灵的宝地。达尔文家的花园，名花异草，争奇斗艳，有红色的蔷薇，有白色的百合，有紫色的报春花，也有黄色的牛蹄草。更有趣的是，风铃花经风一吹仿佛能发出清脆悦耳的声音似的。在这五彩缤纷的花丛中，虫儿歌唱，蝶儿飞舞。

1809年2月12日，这是个历史上值得纪念的日子，罗伯特医生的第四个孩子降临到这美丽的地方，取名为查理·达尔文。

随着岁月的流逝，小达尔文也在慢慢地长大，渐渐地，他可以到户外活动了。他对大自然是如此的好奇，几乎是一天到晚在观察着各种花卉。塞文河两岸的高大树木，自家花园里的奇花异草，简直成了他最好的朋友了。

四周的优美环境成为达尔文学习自然的最好课堂，无论是春夏秋冬，这里都是达尔文童年的最大乐园。

又一个春天来临了。有一天，达尔文起了个大早，匆匆地跑到花园里去。几天来，达尔文一直在观察着玫瑰花蕾的生长。他看着花蕾在一天天长大，幼小的心灵里，充满了无限地喜悦与好奇：

"妈妈，妈妈，你告诉我，是什么东西被包在里面呢？"

"它在里面呼吸吗？为什么不觉得闷呢？"

幼小的达尔文具有太多的问题，不懂的时候他总是第一个去问他妈妈。妈妈告诉他，要想知道这许多秘密，最好的方法是自己仔细观察，勤于思考。

"孩子，你对大自然如此好奇，这很好，希望你能够保持你的这种兴趣和热情。同时，你要多注意观察和思考。这样的话，你自己就会得到答案的。我和你爸爸盼望着你是一个有出息的人呀。"妈妈慈爱地抚摩着达尔文的小手，语重心长地说："不过，许多花都喜在清晨开放，要想真实地观察到花开的情景是要早起的。"

受到了妈妈的鼓励和表扬，小达尔文的劲头更足了。从此，达尔文每天都早早地起床了，有时还带上他的小妹妹凯瑟琳（1810—1866）。今天，当他来到花园时，眼前的情景太让他激动了。昨天还是一片花蕾的蔷薇，一夜之间居然已经开放了。有的已完全放开，有的还正在吐蕊。达尔文凑近一朵开了的花，只见其花瓣正在缓慢地舒展着、舒展着……

达尔文被如此神奇的大自然深深地吸引了，几乎是屏住呼吸，他一动不动地站在那里。四周静极了，往日里不停歌唱着的昆虫，此时也像是害怕打扰正忙于吐蕊的花朵，变得安静下来了。花瓣还在不断地张开，晶莹的露珠从不断张开的花瓣上轻轻地滑落。

终于，花瓣全部展开，露出里面黄色的芯蕊。不知什么时候，太阳已经悄悄地爬上了枝头，红艳艳的花朵在绿叶的映衬下，沐浴着早晨的阳光，是那样的光彩夺目，引人遐想。达尔文深深地吸了口气，一股淡淡的清香沁人肺腑。

这是一个怎样奇妙的过程呢，没有外力，就这样静静地、缓慢地，有条不紊地开放了。它是一个多么伟大的体现生命力的过程呀！

自然，总是充满着无数神奇，只要你善于观察，你就会体验到无数次揭开自然秘密的乐趣。"呀，原来里面包藏的就是这些具有如此香味的小东西呀！"达尔文激动地叫了出来。

一只蜜蜂飞过来，停在这束刚刚绽放的花朵上。

"为什么蜜蜂总是喜欢盛开的花朵呢？"

达尔文的心中又产生了个"为什么"。那时，他当然不知道，正是因为盛开的鲜花中含有花蜜，吸引昆虫过来采集，才使花朵得以传播花粉，完成受精，繁殖后代。年少的达尔文不知道这些，但这个问题却促使他不断进行思考，后来他写出了《兰花借助昆虫传粉的各种器官》一书，就特别详细地论述了植物花构造适应于虫媒传播花粉，这是自然选择的结果。

伴随着他的观察与思考，在母亲的教育下，他记住了各种花卉的形态，知道了各种植物的名称。他甚至能够辨认一朵花的雌蕊和雄蕊了。

转眼间，春天已悄悄过去，夏天不知不觉来临了。

夏季，是小达尔文最喜欢的季节。这不光是因为他可以和小朋友们一起去塞文河里游泳嬉戏，也不光是因为他可以常去爬户外小草地上一颗花楸树，以此英勇行为博得大家称赞，还因为在夏季，他可以到小池边的砾石堆里捕捉螺蚌，在塞文河里捕捞鱼虾，在花草树木丛中寻找昆虫，在河边鸟窝里摸取鸟蛋。

秋天来临，是水果成熟的时节。水果对于孩子们来说永远充满着诱惑。为了最先吃到水果，小达尔文总是想方设法去摘取，当时在晚上，果园的大门上了锁，四周的围墙又很高，怎样才能吃到水果呢？

达尔文是善于动脑筋的。他看到靠近围墙有几棵大树，就敏捷地攀了上去，很快就跨坐在围墙上了。然后他用一根长棒的尖端，牢牢地插进一只花盆背面的底孔中，把它举升到要摘取的水果下面，用棒尖拨下果实，让它们落入花盆中。就这样，达尔文总是在小朋友当中最早吃到水果。有一次，他把摘取的水果藏在户外的灌木丛中，然后回家谎报说，他发现了一大堆失窃的水果，想以此得到父亲的表扬。实际上，家里人早就知道他在暗摘自己园中的水果，只是害怕他受惊失足，听任其自乐罢了。这次当他向父亲说谎报功时，父亲因势利导，机智地劝他不要说谎，而要把心思用在正道上。

爸爸的这次教育给达尔文留下了深刻的印象，从此，他改掉说谎的坏毛病，而更加专心致志地去了解大自然。

到了冬天，常下雪，大地一片洁白，小达尔文总是焦急地盼望着春天的来临。因为在春天，他可以把在秋天采集到的种子播入地里，培育新苗。他幻想着能在同一植株上盛开五颜六色的花朵，结出各种不同的果实。

就这样，一个春夏秋冬过去了，又一个春夏秋冬过去了。达尔文在父母的教育引导下，对大自然产生了浓厚的兴趣，认识了许多种植物，也认识了许多种虫、鱼、鸟。正是这种对自然的爱好促使他后来成为伟大的科学家。热爱是最好的老师，年轻的父母们，当你的孩子对某一方面发生兴趣时，你是否也像查理·达尔文的父母一样，对其进行保护和引导呢？

父亲和母亲堪称达尔文最早的老师，而家乡的大自然则是达尔文一生的第一课堂，是的，对于一个喜爱生物的学生来说，大自然总是最好的课堂。

不可救药的学生

达尔文的童年是在无忧无虑、充满着好奇与幻想中度过的，可是当他被送进学校的时候，情况就大不一样了。

当时的英国学校，神学占据着统治地位。学校生活如一潭死水压抑着一切个性的发展，课程设置刻板单调而又不切实际。1818年春天，八岁的达尔文进入施鲁兹伯里中学。在这所中学里他整整待了七年。

这所学校由神学博士布特勒任校长，像其他学校一样，是一所严格的古典中学，学生学的是古文，读的是古罗马人和希腊人的著作，教师的教课方式很古板，就知道让同学们背诵古文，气氛死气沉沉的。

这样的学校怎能满足这个充满好奇和幻想而又热爱自然科学的幼小心灵呢？所以，达尔文就冲破旧教育制度的束缚，按照自己的兴趣和爱好不断扩大知识领域，在广阔的科学海洋里畅游。

一天，像往常一样，达尔文在学校点名之后，偷偷地溜回家中，和哥哥一起做在他们看来充满着乐趣和创造力的化学实验，他觉得这要比沉闷枯燥的课堂有趣得多。

"实验室"设在花园的一间工具棚里，里面摆满了烧杯、天平、试管等实验仪器。用这些简陋的仪器，兄弟俩居然也制造出多种气体和一些化学物质。这一次他们想看一下酸碱中和反应生成盐的情况。当他们把两种澄清的溶液混合到一起时，混合液马上变得浑浊起来，继而出现了絮状沉淀。看到这种现象，达尔文兴奋地跳了起来：

"真是太好啦，我们又成功啦！实验的力量太伟大了！"

　　"是的。"哥哥也自豪地拿起了这个烧杯把它递给了弟弟，"只要我们坚持实验，操作细心，观察准确，我们定会取得更多的成功。"

　　就这样，小哥俩在化学实验中获得了许多科学知识，积累了许多宝贵的经验。后来达尔文回忆道"化学实验使我感受到很大的乐趣，我们经常连续工作到深夜。这是我在学校期间所受到的最好教育，因为它使我充分了解了实验科学的重要意义。"

　　正当哥儿俩在化学迷宫里陶醉的时候，不知怎的，他们在家进行化学实验的事被学校知道了。同学们送给达尔文一个外号——"瓦斯（气体）"，校长更是勃然大怒。这还了得，不老老实实在校熟读圣经，背诵古文，而居然进行化学实验，搞发明创造，简直是想入非非，瞎胡闹。在一次早活动之后，校长当着全校师生的面训斥了达尔文，严厉批评了他，并向师生宣布："达尔文是一个不可救药的学生！"

　　对一名学生而言，还有什么比当众受校长的批评更难受呢？面对严重的打击，达尔文热爱科学、献身科学的决心非但没有改变，反而更加强烈和自信了。他一改往日的顽皮，变得文静老成了许多。他常常一人在校外散步，观察自然景色的变化。当他看到高大的树木在风中摇曳，鲜花与昆虫在风中共舞时，心中又对"上帝"如何精巧地创造了这纷繁复杂的世界而百思不解了。这时，他想起了不久前刚刚读过的《生命学》著作，爷爷在这部书中所阐述的朦朦胧胧的物种进化思想是不是也有一定的道理呢！

此时的达尔文当然还不具备他后来的进化论思想，那是他经过几十年艰苦劳作才获得的伟大发现。此时，他只不过是迷恋自然、热爱科学，凭着自己的热情来观察自然的奥秘罢了。

七年的时间很快过去了。在这七年时间，达尔文很少认真上课，背诵古文。从这一点上看达尔文的确不是一个合格的学生。可是，当我们了解了学校的课程和教学与达尔文的科学兴趣和志向格格不入时，我们又不得不为达尔文的毅力和自学精神而鼓掌叫好。试想，达尔文后来的伟大成就和他此时所表现出的韧性和毅力不是存在着某些内在联系吗？

初入科学研究的殿堂

达尔文在学校挨训的消息很快地传到了父亲的耳朵里，一向慈爱的父亲也变得严厉起来，他叫来达尔文，严厉地训斥道：

"查理，你整天关心是打猎、玩狗、捉老鼠，这样下去你会使自己及我们全家都要蒙受耻辱的。"

其实罗伯特医生哪里知道，打猎、玩狗、捉老鼠都是达尔文为了采集标本，进行观察，丰富自己的生物学知识呢。也许是他病人太多，工作太忙吧，这位受人尊敬的医生却没有明白自己儿子的科学志向。于是，他根据自己的意愿，又把查理送进了另一所学校——爱丁堡大学。

这是一所著名的医学院，素有"医学博士摇篮"的美誉。父亲希望达尔文能够在此很好的学习医学，继承自己的事业，做一名救死扶伤的合格医生。

开始的时候，达尔文对此也抱有极大的希望，希望在此好好学习，既能精通医学又能掌握生物学知识。可是，现实马上就让他的希望破灭了。因为他所学的课程大都讲得索然无味，教师在课堂上生塞硬灌，学生在课下死记硬背。这哪里有一点高等学府活跃的学术氛围？一个学期过去了，达尔文在自己喜爱的生物学方面收获甚微。

更令达尔文失望和不安的是上外科手术观摩课引起的。这次手术是给一个漂亮女孩切除腹内肿瘤。手术过程中，医生们拒绝给病人施用麻醉剂。所以，病人非常痛苦。达尔文不忍目睹这因剧痛而惨叫的场面，吓得没等手术做完就跑出了手术室。从此，达尔文认识到自己实在不能学医，对医学课程也就抱着应付的态度：上课不认真听讲，有时甚至不去上课。

如果按学校要求，达尔文当然不是一个合格的学生。但是，正是在这所医学院里，达尔文把自己的生物学知识和科学研究水平提高了一大步。

在爱丁堡大学图书馆里，经常可以看到达尔文潜心苦读。他广泛地涉猎了哲学、诗歌、名人传记等书籍，从中吸取大量的营养。当然读得最多最认真的还是生物学方面的著作，如鱼类学、贝类学、昆虫学等等。他最喜欢的书籍还是洪堡德的《热带旅行记》书中所描绘的热带雨林风光让他无限神往。

达尔文正在用这些丰富多彩的知识来冲淡对学校课程的厌恶，也是在充实着自己的心灵。

达尔文如饥似渴地学习着生物，并在学习中结识了一批具有共同爱好和志趣的朋友。在他们的帮助和引导下，年轻的达尔文跨入了科学研究殿堂的大门。

在这些朋友当中，最值得一提的当属格兰特博士（1793—1874），他比达尔文大16岁，正处于从事科研活动的黄金时期。他曾向拉马克学习过，并且在进化方面也做了大量的研究工作，是一位思想先进的青年学者。

达尔文经常同这位年青的科学家在一起。有时他们去海边游览，收集落潮后水坑里的生物；有时又讨论一些生物学上的理论问题；有时一起参加学会活动，就一些问题发表各自的见解；有时又对动物的器官进行解剖，从而研究动物体的机理。

有一天，两人又想去海边采集一些软体动物的标本。正当他们准备出发时，他们碰上了另一位老朋友——科尔斯特里姆（1806—1863），三个人兴致勃勃地向海边走去。

南来的海风轻吻着他们的面颊，送来了海藻的香味。三人兴趣很高，边走边热烈地讨论起来。

"我对生物学研究的越深入，就越发感觉到拉马克先生的生物进化学说实在是太妙啦！"格兰特博士亲自聆听过拉马克的教诲，因此对拉马克的观点非常迷恋，"他用环境的影响，器官的用进废退和获得性状的遗传解释了物种可变和生物进化的事实，真是最科学不过了！"

"博士先生，你如此的健谈，一天到晚说个不停，将来你儿子一定拥有一张鳄鱼一样的大嘴巴了！"科尔斯特里姆开玩笑地道，"不过，那样将会很丑的。"

"不管怎么说，生物是进化的，物种不变是站不住脚的。"格兰特并不气恼，依然坚持自己的观点。

"可是上帝才是万物的主宰，一切都是上帝的旨意呀！"科尔斯特里姆虽然喜爱生物学，然而他是信奉着上帝的，他转而向达尔文道，"查理，你怎样看？"

　　这种争论，又使达尔文想起了他爷爷的《生命学》一书。在那本书里也有与拉马克相似的观点。"关于生物进化问题，几年前我从我爷爷的著作里了解了和拉马克类似的观点，不过我一直不知道它究竟是对还是不对，我想我们还是研究一些动物的机体吧。"达尔文对生物体的机理研究的兴趣比空洞的理论争论大得多。

　　达尔文的提议并没有打断格兰特博士的理论的思考，他以响亮的声音朗诵起拉马克的著作来：

　　"观察自然，研究它所生育的万物；追求万物，推究它的普遍和特殊的关系，再想法抓住自然界中的秩序；抓住它进行的方法、抓住它发展的法则；抓住那些变化无穷的构成自然界秩序所用的方法。这些工作，在我看来，能给我们带来真正的益处，同时还能给我们带来许多最纯洁的乐趣，来补偿生物中种种不可避免的苦恼。"

　　格兰特诗一般的朗诵，使年轻达尔文的思想产生强烈的共鸣："是呀，只要我们坚持这样去做，努力探索，奋勇前进，我们就一定能够排除苦恼、找到乐趣，发现真理。"

三个人不知不觉地来到了海边，退潮后的海滩留下了丰富的海藻、贝壳、螃蟹等各种小生物，不一会标本就采集好了。

突然，达尔文发现，在一个岩石坑里，滞留着一种奇特的鱼。这种鱼的鳍特别发达，人们称之为"海雀鱼"。达尔文在图书馆看书时，看到过有关海雀鱼的资料，知道它的构造和器官和一般的鱼有很大差别，今天能够采集到它的实物标本，收获太大了！

三个人很小心地把它放在另一个采集桶里，带回了学校。

在格兰特博士的实验室里，他们对海雀鱼进行了仔细地观察和解剖。他们先测量鱼的外部指数：全长、体长、吻长、鳍式、鳞式等等。达尔文测量得非常细心，生怕出误差。之后，他们对鱼体各个器官进行了细致地解剖。当达尔文看到格兰特博士的一双大手，在进行解剖时非常灵巧，心中羡慕得很，暗下决心，一定要虚心学习，掌握这种本领。

通过这次实验，达尔文从格兰特那里学习了观察、解剖、记录等一系列研究鱼类的方法，收获很大，为他以后从事科学研究奠定了初步的基础。

当然和人体解剖课比起来，解剖鱼体实验要有趣得多。他们将整套数据进行了整理，准备在"普林尼学会"上发表。

"普林尼学会"是这所大学一个主要研究自然科学的学生组织。书记正是达尔文的好朋友格兰特博士。在格兰特的影响和推荐下，达尔文也参加了这个学会。从此，达尔文结识了许多具有共同兴趣和志向的朋友。这些朋友各有所长，有的是长于植物学方面，有的是长于动物学方面，有的擅长于鱼类研究，有的则在鸟类学方面颇有专长。达尔文通过参加学会活动，知识面和科研能力均获得了较大的提高。同时，他再也不感到孤独和压抑了。

什么医学课程，让它远离吧！达尔一心扑在生物学上了。

功夫不负有心人，达尔文研究生物学的高度热情和认真态度终于得到了成功的回报。在一次"普林尼学会"讨论会上，达尔文宣读了自己的科研论文。

他的成果是发现了前人的两个错误：一个是板枝介虫的幼虫，被前人误认为是借着鞭毛独立运动的板枝介卵了；另一个是海蛭的卵衣，被前人误以为是墨角藻幼年期的球状体了。

论文宣读完之后，得到了与会会员同学的一致好评。格兰特书记更是热情地称赞了这位年轻的朋友，他说："科学研究应该尊重事实，有怀疑一切的勇气，而不是简单地重复前人的工作，人云亦云。查理懂得了这一点，所以他获得了很大的成功，为科学做出了贡献！"

这次讨论会结束时，学会书记格兰特说："虽然达尔文的年龄小，但是他有较高的研究能力，我建议，让达尔文接替我的职务。"

1826年11月，达尔文正式选为普林尼学会的书记。

达尔文在爱丁堡大学生活了两年。这两年，他摆脱了课堂的束缚，在自己喜爱的生物学领域取得了不小成果，也得到了无限乐趣，像一个终日在科学殿堂外徘徊的孩子，终于跨入了它的大门。

喜遇伯乐

正当查理·达尔文制定新的计划，准备向更深的科学领域进军时，挫折又一次降临到他身上。

原来，父亲看到小儿子不好好学医，而整日摆弄一些小生物时，不仅勃然大怒，决定让他退出医学院，去剑桥大学学习神学。神学和科学，是一对多么对立的矛盾，明明达尔文热爱科学又具有科学研究的能力，而父亲为何偏要他去学习那虚无缥缈的神学呢？这在神权社会信奉上帝的人中是可以理解的。天下的父母都爱子心切，望子成龙，可是当您为孩子们设计道路时，一定要仔细地考虑孩子们本身的爱好和志向啊！

达尔文的科学志向又一次面临着夭折的危险，他能够再次渡过这一难关吗？

1928年1月8日，达尔文终于没能说服父亲，正式进入剑桥大学基督学院。

基督学院是一个专门讲授神学的地方，拒科学于千里之外，达尔文所敬仰的大科学家哥白尼、布鲁诺、伽利略等人，在这里却受到诽谤和攻击。看到这，达尔文的心都凉了半截。但是，为了不再惹父亲生气，他不得不强忍着痛苦，老老实实地读《圣经》，参加一日三次的祷告。

但是，一个人的承受能力毕竟是有限度的，压抑太久，总要爆发。为了排解心中的苦闷，他参加了一个玩乐团体，学会了用纸牌赌博。在宿舍里举行晚宴，学会了饮酒，酒后就疯狂地玩到深夜。

眼看达尔文辉煌的前程，就要断送在父亲的严命之下了。

也许真的是一种巧合，也许是"上帝"不忍心看到达尔文如此的消沉。竟然在他最消沉的时刻，遇到了对他"整个一生影响最大的一件事"。

在一个初夏的日子，达尔文实在呆得无聊。以前的爱好和习惯又涌了上来。对，何不去收集一些甲虫呢？现在可正是收集甲虫的最好天气呀。

达尔文来到了植物园一角的桦树林里，他剥去一些老树皮，看到两只罕见的甲虫，就一手一只捉住了。正在这时候，他又瞧见第三只新种类的甲虫，舍不得把它放走，就把右手的那只放进嘴里，哎呀！它排出一些极辛辣的液汁，灼痛了达尔文的舌头，他不得不把这只甲虫吐出来，它就这样跑掉了，而第三只甲虫也没有捉住。

这情景恰好被植物学教授亨斯洛（1796—1861）看到了。他被达尔文这种手口并用的捉虫方式逗笑了，心想：这学生倒会急中生智。

原来，亨斯洛教授是剑桥大学著名的植物学家和矿物学家。他常常带着学生走出教室用实物来进行教学。今天他正给几位植物学爱好者讲解虫媒花的传粉。

"喂，你叫什么名字，也喜欢生物学吗？"亨斯洛教授问达尔文。

"我叫查理·达尔文，教授先生"，达尔文恭敬地答道，"我非常喜欢生物学，不过我学的是神学专业。我可以听您讲课吗？"

"当然可以。"亨斯洛笑着说，"甲虫的味道不鲜美吧。"

达尔文不好意思地笑了。这时一个学生告诉他：亨斯洛教授对于喜欢生物学的人总是倾囊相授的。

亨斯洛教授从花依靠颜色、香味、花蜜招引昆虫来帮助传粉讲到花的形状、结构是怎样适应昆虫传粉的。他就地取材，讲得深入浅出，使大家很快明白了许多的道理。达尔文对教授非常佩服。而达尔文认真听讲的虚心态度、开阔的思路和提出的关键问题都给亨斯洛教授留下了深刻的印象。

于是他告诉达尔文，每星期在他家里有一次爱好科学的青年和职员的晚间聚会，欢迎达尔文参加。

从那以后，达尔文就经常出席亨斯洛家里的每周聚会，从中获益匪浅。后来达尔文回忆时写道：

"我曾经倾听过当时的伟人们用多方面的极其卓越的才能谈论各种问题，获益不小，因为这些谈话可以启发青年人的思想，可以激发青年人的雄心。"

随着和亨斯洛的交往，达尔文对科学的热情再次迸发出来。他常常跟随着亨斯洛一起散步，采集标本，考察不同地带的植被和生态状况。和亨斯洛在一起，达尔文从不夸夸其谈，总是细心观察。勤于搜集、积极思考，因此很得亨斯洛的赏识。

亨斯洛见到达尔文勤奋好学，虚怀若谷，很具科学研究的潜质，就决定尽自己所能帮助他成长。他不仅以自己丰富的植物学、昆虫学、化学、矿物学、地质学等方面的知识来武装达尔文，而且他很注意保护达尔文的好奇心，使他健康成长。

有一次，达尔文在观察潮湿地带的花粉粒，他发现其中的一些伸出了花粉管，以为这是一个新发现。于是，他跑去报告了亨斯洛教授。其实，这是花粉粒的萌发，这种现象对于一个植物学教授而言是司空见惯的。可是亨斯洛教授为了不伤害达尔文的好奇心，就高兴地对他说：

"查理，你的发现非常有趣。"他拿出了一个放大镜以便让达尔文看得更清楚，"你看，这是花粉粒萌发形成的，花粉管的产生，使精细胞与卵的结合不再依赖水作媒介了，这对陆生植物是很重要的，也是一种普遍的特征。"

听完教授的讲解，达尔文一点也不觉得难堪，反而为自己发现了这样一件非同寻常的事而沾沾自喜。不过，他暗自告诫自己以后再有什么发现就不要那样急急忙忙地去报告了。

亨斯洛教授看到达尔文欠缺地质学方面的知识，这对于研究自然是很不利的。于是，就推荐他和当时著名的地质学家塞治威克一起做了一次地质考察。这次考察给达尔文所带来的影响也是很大的。

事实证明，达尔文遇见了亨斯洛，就像哥白尼遇到了诺瓦腊，布鲁诺遇到了瑞里，牛顿遇到了巴罗一样。这些慧眼独具的伯乐发现和帮助了有才华、有抱负的青年，使他们成长为伟大的科学家。

如果说在爱丁堡，格兰特堪称发现达尔文的第一个"伯乐"的话，那么，亨斯洛则是达尔文一生中的第二个伯乐！达尔文日后能成为杰出的科学家，在很大程度上受益于亨斯洛。

一封邀请信

　　结束了和塞治威克教授的地质考察，达尔文匆匆地回到家里。经过这次考察，达尔文的地理知识有了很大的提高，还学到了许多研究地质的科学方法。达尔文打算到家之后一定要把采集到的矿石好好地归类整理一下。

　　刚进家门，还没有放下行李，妹妹凯瑟琳就递给达尔文一封亨斯洛教授的来信。妹妹知道亨斯洛是哥哥最好的朋友和老师，他的来信一定有非常重要的事情。

　　达尔文急忙打开信，信用隽永通畅的英文写着：亲爱的达尔文：

政府聘请了菲茨·罗伊舰长去测量美洲的极南端，皮克叫我推荐一个生物学家随舰前往。我已告诉他，在我知道的这些可能接受这种工作的人当中，我认为你是最合乎条件的。我这样说并不是假定你是一个完美的生物学家，只是认为你具有充分的条件可以去搜集、观察和注意生物学中任何值得注意的事……对于一个有热心、有志气的人来说，我想从来没有过比这更好的机会，希望你立即前来同皮克商量，并进一步了解细节。希望你不要谦虚或害怕你不合条件，我可以确信你正是他们所寻找的人。所以，你可以想象拘捕你的差役，同时又是你的密友，正在轻轻地拍着你的肩膀。

亨斯洛

1831年8月24日于剑桥

这是一封多么迷人的邀请信呀，达尔文欣喜若狂，他梦寐以求的热带之旅就要实现了。他的眼前立刻浮现出《南美旅行记》中洪堡所描写的景象：万木参天，绿藤缠绕，百花竞妍的植物王国。

"谢谢您呀，亨斯洛教授，我当然不会推却的。"

达尔文自言自语地说。然后，兴冲冲地找到了父亲，希望父亲也能分享他的快乐，并给以支持。

可是情况并不像达尔文所希望的那样，父亲对这一邀请并不感兴趣，甚至持反对态度。望着一脸诚恳的儿子，达尔文医生慢条斯理地说出了反对的理由：

"你马上就要被授予牧师职务，在海上漂泊对你的职业不利。"

父亲又挠了挠头，补充了以下两条理由："准备的时间太短；况且你也没有参加航海经验，长时间的航海身体可能吃不消。"

父亲的话听起来仿佛很有道理，可是难道就因为这些就轻而易举地放弃？这次机会太难得了，对于梦想进行环球考察的查理不正是千载难逢的绝好良机吗？航海不是牧师该做的事，可亨斯洛教授也是牧师，不也经常去海上考察吗？况且自己对于做牧师并无多大兴趣呢？想到此，达尔文暗下决心，一定要想方设法说服父亲。于是，他想到了一贯得到父亲信任和尊重的乔赛亚舅舅。

"舅舅向来都是了解和支持我的，他或许能够帮助我。”达尔文抱着一线希望来到了梅庄舅舅家。

秋天的梅庄依然是如此美丽，这里给达尔文带来过多少欢乐。在此，达尔文不仅可以骑马、打猎、观察花卉，而且还可以和他最喜欢的小表姐埃玛（1808—1896）读读诗歌，演唱音乐，畅谈理想。不过，这一次达尔文的心思可不在这儿。他径直地找到舅舅，说明了自己的困难。

正如达尔文所斯望的那样，舅舅乔赛亚非常欣赏和支持达尔文的科学志向。他看完了亨斯洛的信笺，高兴地说：

“查理，这的确是一次难得的机会，你应该抓住。”

“是的，舅舅，我连做梦都想做环球考察呢。”

“你父亲那儿有我去说服他，其实，凭着我的感觉，你父亲是能够支持你这次科学活动的，只是害怕你吃不了海上的辛苦，半途而废，所以才反对你参加这次航行。”

“舅舅，难道你也不理解我吗？为了我喜爱的生物学专业，为了我梦寐以求的科学考察，我什么辛苦都吃得了的。舅舅，我向你保证。"

乔赛亚舅舅当然知道自己的外甥的巨大好奇心和对生物学的热爱，他当时拿起笔给达尔文医生写了一封劝说信，针对他那几条理由一一作了反驳。

第二天，乔赛亚又亲自登门劝说达尔文医生来了。他着重从达尔文在自然科学方面浓厚的兴趣，极好的天赋，以及他的科学志向等方面竭力说服达尔文医生改变主意，支持达尔文这次意义巨大的环球考察。

在乔赛亚舅舅的劝说下，达尔文医生终于改变了主意，支持儿子接受这一邀请。

事情的结果，使达尔文激动无比，他立即又给菲茨罗伊舰长写了一封信，告诉他已经得到家中支持，即日将动身前往，商讨有关事宜。

达尔文第二天来到了伦敦。拜访了菲茨罗伊舰长。关于两人的见面情况，还有一段很有趣的插曲。

原来，菲茨罗伊是面相学家拉法捷尔的热心崇拜者，相信面相学，而在拉法捷尔的面相学中，有着像达尔文这样鼻子的人，是不会具备这次航海所必需的精力和决心的。不过，菲茨罗伊没有把这种怀疑说出来，只是频频地观察着达尔文的鼻子，弄得达尔文莫名其妙。

尽管这样，两人还是谈得非常投合。菲茨罗伊给达尔文留下很好的印象，认为他热情坦率而又彬彬有礼，菲茨罗伊也认为达尔文是一位令人满意的旅伴。两人见面之后，达尔文立即投入到为环球航行做准备的工作之中。尤其是作为一名生物学家所需要的各种知识储备。

贝格尔号原定出航时间是十月底，可是由于船的修缮工作耽误了不少时间，再加上连续的大风天气，贝格尔舰的出航日期一推再推。这虽然令等待出航的人心急火燎，但客观上却为包括达尔文在内的远航人员做好充分的准备提供了时间保证。在这段时间里，达尔文和全体船员们吃住在一起，很快和他们建立了良好的关系。并从他们那儿学到了一些航海知识。他充分地准备了收集标本所必需的各种装备和做一名生物学家所需要的各种仪器和书籍。达尔文又制定了考察计划，并写进了《航海日记》，内容包括收集标本、观察海洋、阅读他携带的自然史书籍、进行气象观测等。

贝格尔舰是英国海军的一艘三桅，全长30多米，曾多次远航，从来未发生事故的军舰。现在正式起航的日子终于盼到了。

1831年12月27日，早晨，红的太阳从海面上冉冉升起，霞光万丈，照得海面上五彩纷呈。贝格尔舰像一头灵巧的海豚，迎着朝阳，乘风破浪，开始了它最伟大的远航。它将穿过大西洋，顺着澳大利亚南侧进印度洋，然后，绕过非洲的好望角，回到大西洋，再经过南美洲东岸返回英国。

这是一次具有重大意义的为期五年的环球远航，享有着世界性的荣誉，因为它不但完成了测绘任务，更重要的是随航的达尔文经过大量的观察采集与研究，创立了生物进化学说，成为十九世纪最伟大的生物学家。

在病痛中坚持科研

就在达尔文为自己出航做准备的时候，他已经感觉自己的心脏有毛病了，心率过速并且时常伴有疼痛的感觉。可是，他不敢看医生。害怕得出不适宜参加远航的结论。为了科学，达尔文隐瞒了病情，毅然决然地参加了这次考察，并且暗暗地希望身体快快地好起来。

但，情况并没有像达尔文希望的那样，航行刚开始，晕船症就击垮了达尔文本来就不强健的身体，迫使他不得不时常停下手中的工作，一动不动地躺在吊床上，进行短暂的休息。

一天，达尔文正在收取一张拖在船尾的网，打算研究一下海洋生物，尤其是无脊椎动物。因为前两天他已经捕获了许多海洋生物，并把它们逐个鉴定，登记造册，对一些特殊的种类，还进行了解剖，绘制成精细的解剖图。今天，他希望再多补充一些生物种类。以便研究一下各种生物之间的内在联系。正当他将要起网时，一个巨浪猛冲过来，贝格尔舰开始剧烈地晃动起来，船体左右摆动，上下颠簸，整个船体好像要被巨浪吞噬一般。达尔文感觉到天旋地转，脚下的甲板像海绵一样着不上力，他本能地抓住了扶手，趴在了甲板上，开始猛地呕吐起来。

水手们看到达尔文被晕船的痛苦折磨得直不起腰，纷纷劝他回舱休息一下。可是正惦记着网中海生动物的达尔文又哪里能安心休息。呕吐之后，他趴在那儿喘息了一会，感觉身体有所恢复，就挣扎着站起来，在水手们的帮助下，终于将拖网收了上来。

看到捕获的各种各样的海产动物，达尔文心中无比高兴，尤其是当他看到其中有几种棘皮动物是前几次所没有捕获到的新品种时，晕船的痛苦仿佛一下子减轻了许多，又感到浑身充满了力量。他拿起了放大镜，仔细地观察起来。

达尔文知道，棘皮动物是没有头部、尾部等构造，体呈辐射对称的海产动物。然而，眼前的棘皮动物却是两侧对称的。这到底是怎么一回事呢？经过解剖才知道，这并不是什么新品种，而是海星的幼虫。

自然界是如此奇妙，呈两侧对称的幼虫长成成虫后居然变成了没有头尾的辐射对称。达尔文想：看来，两侧对称的动物和辐射对称的动物一定存在着非常密切的内在联系，这对棘皮动物的研究将是一个很好的突破口。

于是，达尔文就把这些登记在一个特定的册子里，注明了采集的时间、地点，并绘出了精美的解剖图。在航海日记上，达尔文写下了自己的心得体会，隐隐流露出对上帝造物的怀疑。

完成了这些，达尔文感到一种前所未有的疲倦。他决定休息一下，于是他回到了船上的卧室。

达尔文躺在吊床上，脑海中依然萦绕着刚才的疑虑：两侧对称的动物一般都是行动活泼的，辐射对称的动物则不太活动。棘皮动物的生长是一个由"活泼"向"不活泼"转化的过程，这难道是上帝对它们的惩治？还是它们适应"固定"生活方式的结果？

想到此，达尔文又躺不下去了。他跳下吊床，想再仔细地研究一下两者的结构，可是由于他起来得太突然，一阵晕眩又向他袭来。他赶紧抓住了吊床，以免自己摔倒。

正在这时，一名水手跑了进来，看到达尔文摇摇欲倒，赶紧扶住了他。

"什么事，斯托克思，是舰长先生让你来叫我的吗？"达尔文感觉到有人扶着自己，睁开眼睛，看到了这位叫斯托克思的水手。

"是的，先生。舰长让我来看看您能否到甲板上去，因为那儿发现了一堆灰尘，舰长想请您这位生物学家去鉴定一下。"

"好的，我这就上去。"

当他来到甲板上时，舰长向他展示了这种灰尘。原来这是一种熔岩灰，从非常遥远的非洲海岸刮过来的。达尔文用显微镜仔细地观察了这种灰尘。居然在里面发现了许多活的小生物。

"舰长先生，您看，这里面有许多非常有趣的小生物。"达尔文非常高兴地招呼着菲茨罗伊。

菲茨罗伊闭上一只眼睛，凑上已经对准的镜头，只见视野里出现了好几种小生物，它们正在灰尘中爬行游戏呢。不过这几种小生物舰长都不认识，于是他转身向达尔文问道：

"我们的生物学家，这究竟是何种生物呢？上帝让风把它们带走，究竟是让它们在何处安家？"舰长是一个虔诚的教徒，上帝在他心目中是绝对神圣的。

达尔文又仔细地观察了一会儿，说道："这几种小生物是属于原生动物中的几种，至于各自的名称，我现在不能确定。它们随风迁移。可能是它们适应生存环境的一种表现。"

经过大量的观察，在达尔文心目中，总隐隐约约地感觉到物种之间存在内在联系，并不是像人们所说的那样由上帝分别创造出来的。虽然这种思想这时还不很清晰，但在话语中已流露出这种思想。为了不至于让笃信上帝的舰长不愉快，达尔文回答得比较谨慎。

就这样，尽管晕船的痛苦折磨得达尔文死去活来，让他吃不下，睡不着，但他一直咬紧牙关忍受着。有时，实在坚持不住时，他才放下手中的工作，躺在吊床上看书。每当这时候，洪堡关于热带风景的描写，简直成为医治这位晕船患者最好的安抚剂了。他只要感觉到缓解一些，就立即挣扎着做他的研究：收集标本，解剖观察、记录整理等等。他的思想始终充满着对科学的执著和追求。这种追求时刻在激励着他，使他充满了信心地去战胜各种困难。他在日记中写道：

"晕船的痛苦是进行科学研究的最大'敌人'，只要你越是敢于和'敌人'斗争，'敌人'就会越快地投降。"

的确，随着航期的增长，晕船症向具有坚强意志和忍耐力的达尔文投降了，达尔文逐渐适应了海上的颠簸，不再晕船了。他以更加充沛的精力投身到考察和研究中去。

我们应该祝贺这位年轻的生物学家终于适应了舰上生活，这对于一位科学家来说真是太重要了！

一心扑在考察上

　　在达尔文所带的所有书籍中，有两套书对达尔文的影响最大，一是洪堡的《南美旅行记》，这本书成为医治达尔文晕船痛苦的最好"良药"，同时又使达尔文学到了许多有关热带生物的知识，为他实地考察作了良好的准备；另一本就是《地质学原理》，这是亨斯洛教授在他出发前推荐的一本新作，作者为英国著名的地质学家赖尔（1797—1875）。赖尔在这部著作里提出了地球缓慢变化的理论，指出地球变化的原因不是由于什么超自然的外力，而是由于自然界本身的力量，如风雨、温度、水流、潮汐、冰川、火山、地震等因素，在漫长的时间里逐渐造成的。他"试图用现在起作用的因素来说明地球表面过去的变化，决不可以和神创论相混淆"。这本书成了达尔文进行地质考察的理论指南。

这是1832年2月的一个早晨。此时，贝格尔舰已经驶进了佛得角群岛。群岛的后面，太阳从海平面喷薄而出，微风轻拂。海面上泛起一道道耀眼的金光。迎着这灿烂的朝霞，达尔文和他的助手科文登，背着采集桶，拿着地质锤，又开始了群岛的地质考察。

科文登也是船上的一名船员，舰长看达尔文又是考察，又是采集标本，还要进行整理和分类，晚上也常常得不到休息。就派这位船员做达尔文的助手，帮助他收集和整理标本。科文登也很高兴做达尔文的助手，并且适合做这项工作。这样就帮了达尔文的大忙，使他有了更多的时间从事研究工作了。

两个人一路上收集到许多奇特的岩石。什么火山岩、石灰岩、岩浆岩等等，每一种岩石上都有不同的纹理和图案，真是美丽极了。

科文登看到达尔文热心收集这些岩石。不解地问：

"达尔文先生，您收集这些岩石块是因为它们很漂亮吗？"

"不，"达尔文指着地层的断面说，"你看，这些岩石的分布有什么规律吗？"

"规律？我看不出来，它太杂乱无章了。"

"那是因为你没有读过赖尔著作的缘故。你看，不同纹理的岩石只出现在特定的地层里。如果我们标明每块岩石在地层中的秩序，再把这些岩石同生物遗迹、生物化石或者贝壳的分布结合起来，进而同现存的生物作比较，就可以断定这个地区的地质年代，还可以看出那个地区在近期里是否发生过上升或下沉运动，也就能够看出该地区的物种变化过程。"

在达尔文的指点下，科文登也逐渐学会了地质观察，并帮助寻找海生动物的化石和遗骸。找到之后，他们立即贴上标签，并把周围的环境详细地记录下来。有时，科文登想偷懒，记得过于简单，达尔文就耐心地向他解释：

"我们一定不能让眼前最珍贵的资料白白丢失，如果记录不够详细，仅用简单的记录代替详细的描述，很容易使一个科学家以后用不正确的或肤浅的假设去填充自己知识上的空白，那样在科学上是不可靠的，也是没有多大价值的。"

我们可以看到，此时的达尔文经过长时间的野外磨砺，已远不是昔日牛津大学神学系的学生，他已成长为非常优秀的野外科学工作者，一个严肃认真细致博学的生物学家了。

在佛得角群岛，达尔文除了进行地质考察外，对群岛的生物研究也得到了不少收获。本来在随贝格尔号考察前，他阅读洪堡游记的时候，就被书中所描绘的美景深深吸引了。此时，他已身临其境，又怎能放过观察研究的机会呢？

在群岛上，最惹人注目的当数各种高大的热带树木了。棕榈树高大而挺拔，波卫希树森严又粗壮，咖啡树枝大叶茂，甘蔗林立，香蕉树上挂满了金黄的香蕉。花草也非常鲜艳，花盘大香味浓。各种色彩鲜艳的鸟和昆虫竞相飞舞。这真是一幅馥香扑鼻色彩斑斓的缤纷画卷。

达尔文被这里的美景深深地陶醉了。他写信告诉父亲说："日子过得愉快极了。确实没有比这更愉快的了；我忙得很，这种忙既是一种职责，又是一件很大的乐事。自从我们离开特纳里夫岛以后，我就没有闲过半小时。"

达尔文写完了给父亲的信，再次打开他的女友芳妮的来信：

亲爱的查理，回来吧！

要是您在半年内还不回来，我就要变成莱顿夫人了。我在极力地抗拒和拖延着，度日如年。我怨恨自己的懦弱，为什么不能像小说中的恋人那样坚强？

查理，请原谅，我实在不能违背那可怜的老父亲的意志，他为我的抗争而痛苦，脾气越来越暴躁。我不答应这件婚事，他是决不罢休的。查理，您是我唯一的希望，您还记得西班牙栗树下誓言吗？……

读完信，达尔文陷入沉思。他的眼前浮现出芳妮亭亭的倩影，甜蜜的笑靥，耳边时时响起她怨恨的呼唤。他已经三天没有睡觉了，强忍着给芳妮复信：

亲爱的芳妮，接到您的信，我心潮澎湃。我并没有忘记自己的誓言，并想立即回到您的身边。可是，我不能。这次远航考察，使我得到了自然史方面的重大收获。如果我中途回国，我献身的事业就会半途而废。我将继续以高山大海、岛屿和湖泊为伴，继续研究生命、物种、动物和人类的起源。完成这些重大的课题，是我神圣的职责，我不能半途而废。

亲爱的芳妮，您可以问心无愧地做出选择，或者等我四年，或者成为莱顿夫人。不管您做出什么样的抉择，我都在远方为您祝福！

原谅我吧！亲爱的芳妮。

您的达尔文

达尔文为了从怀念芳妮的痛苦中解脱出来，更加废寝忘食地进行科学考察。

在火地岛，他考察了40米高的冰川，并亲眼目睹了冰川崩落海峡的壮观场面。他因在冰川崩裂引起的巨浪中抢救粮食有功，受到船长的嘉奖，并把这一片经过测量的水面，命名为达尔文海峡。

在阿根廷和乌拉圭的科学考察中，他冒着雄狮、猛虎、响尾蛇的袭击的危险，考察了文塔那山脉，发现它是从海底升起来的。在朋塔阿耳塔，他发现了古大獭兽化石，在100多平方米的遗址中，发掘出9种已经灭绝的大四足类动物。

　　达尔文发现三千万年以前的大獭兽、巨树懒、臂兽、磨齿兽，与现在生活在南美洲的树獭长得很相似。而远古时代的剑齿兽，身体像大象，牙齿如老鼠，眼睛、耳朵、鼻子有人鱼（儒艮）和海牛的遗痕。

　　这一切，使达尔文更加怀疑《圣经》的物种不变论，更加相信拉马克物种可变论。

　　在对安第斯山和南美洲平原的考察中，达尔文得了胃病。他被送进法尔巴来索医院，在智利教师科尔菲德家里躺了一个多月，接受外科医生巴伊诺的治疗。为了等达尔文病愈，军舰迟开了十天。

　　达尔文收获最大的是在厄瓜多尔的加拉帕戈斯群岛的考察。此前，达尔文是以地质考察为主。由于在拉帕戈斯群岛发现了25种鸟类的新种，100种植物新种，使他把主要精力转向了生物考察，开始了他向生物进化论的伟大的转折。

　　在加拉帕戈斯群岛考察之后，军舰驶向了澳大利亚的悉尼，经过印度洋，绕过非洲的好望角，从地球的另一方向驶入大西洋。贝格尔舰经近五年的航行，于1836

年10月2日回到了英国。

在法尔茅斯港迎接达尔文的亲人有父亲和舅舅，正是舅舅使他取得了这难得的航行，正是父亲支付了他伙食、实验、考察和仆人的费用。两位老人以他们巨大的支持培育了这位为人类做出巨大贡献的科学家。

父亲和舅舅的旁边站着姐姐苏姗和凯德琳，达尔文胸前还挂着凯德琳送给他的项链，提包里还装着苏姗送给他的墨水瓶。两位姐姐的身边是妹妹凯萨林和女友芳妮，达尔文衣兜里装着妹妹的钢笔和芳妮最后一封信。信中写道：

亲爱的查理，我结婚了。我还有什么可说呢？我只有天天在耶稣面前为你祈祷，愿上帝保佑您平安归来。

科学研究总要付出牺牲的，这次科学考察使达尔文失去了人生最宝贵的两件珍品——爱情与健康。但是，他却无怨无悔。后来追忆这次考察时说："贝格尔号环球航行及其科学考察是我的第二次生命，我所取得的一切科学成就，都应该归功于这次科学考察。"

这风尘仆仆，满脸胡须的27岁青年与亲人一一拥抱，接吻，然后，参加亲人们为他举行的家庭盛宴。

与埃玛的爱情和婚姻

由于在近五年航海中，在各种恶劣的环境中生活，达尔文得了一种病，常常心脏突发狂跳，四肢无力，甚至脚也站不稳。为了恢复健康，他决定到农村的舅舅家小住，换一下生活环境。

达尔文去舅舅家之前，收到了二姐卡罗琳的来信。信中说她已经与表兄乔赛亚·韦奇伍德订婚了。这封信使达尔文想到了自己，是一直独身下去呢，还是建立一个家庭呢？

1837年9月20日，达尔文到梅庄看望舅父乔赛亚。

在这里他与表姐埃玛恋爱了。

达尔文每天在舅父的花园里散步，埃玛则形影不离地陪着他。

达尔文虽然是来农村休息，但仍改不掉随时观察小动物的习惯。他用木棍挖开土壤，观察土壤下的蚯蚓，并对埃玛说："您可不要小看这种小爬虫，它们都是大肚汉，吃下果皮、草叶、粪便，排出后就改良了土壤，经过它的耕耘，土壤就疏松透气了，它是农民的好帮手。"

埃玛听着达尔文饶有趣味的讲述，对大胡子的表弟肃然起敬，没想到这司空见惯的蚯蚓，还有这么多学问。

"查理，您怎么想到研究蚯蚓呢？"埃玛奇怪地问达尔文。

"蚯蚓对土壤的作用关系到庄稼的丰收。它是我近期的研究课题，我还要在地质年会上做一次专题报告。"地质与生物是达尔文最高兴的话题。

"您研究土壤和庄稼，也一定喜欢农村了？"

"我爱您家的花园，特别喜欢您陪我散步，有您在我身边，疾病就被赶跑了。"

"如果散步可以医治您的病，我愿意终生陪您散步。"埃玛很激动，脸上泛起一阵红潮。

达尔文已经感到埃玛很喜欢自己，但他还不敢对表姐表白爱情。因为自己还没有正式职业，没有固定收入，组织小家庭的条件还不具备。他将对表姐的爱，深藏在自己的心坎里。

第二年，达尔文被地质学会聘为秘书，有了固定的微薄工资。加上不断发表论文的稿酬，他可支付一个简朴家庭的花费了。

又是秋高气爽的8月，他西装革履，衣冠楚楚地离开了伦敦，再次到梅庄拜会舅父与表姐。

达尔文吃过晚饭，就与埃玛表姐到花园散步了。

"您的生物学研究，有什么新收获吗？"表姐问。

"我选择了自然科学家最重要的课题——生命的法则是什么，我感到收获很大，它使我常常彻夜不眠。"讲起自己的科研工作，达尔文总是热情洋溢，谈笑风生，他对自己的事业充满美好的向往。

"您可以给我讲一讲吗？"

"当然可以，但是，如果我的观点触犯了您的信仰，还得请您原谅！一切生物都是逐渐发展，慢慢进化的。这与上帝用六天时间创造了万物，它们永远是一成不变的信条相抵触。您听懂了吗？"

"我没有听懂，小麦春种秋收，年复一年，并没有变啊！牛生出的是牛犊，也没有变啊！"埃玛大惑不解地问。

"小麦经过选择，用粒大的做种子，它长得更壮实，收获更多了，这不是变化吗？奶牛经过选择，杀掉了病弱的，留下了健壮的，出奶更多了，这不也是变化吗？"

"那是人工的作用，并不是自然形成的变化啊！"

"在生物进化的历史中，并不是人工促成的变化。狼追赶山羊，跑得慢的被吃掉了；雄狮与豹子搏斗，弱小的被淘汰了。正是这种自然界的优胜劣汰，促成了生物的进化。"

埃玛还是不明白，她睁大眼睛看着达尔文："跑得快的山羊，不也是山羊吗？它并没有变啊！"

达尔文激动地抓住埃玛的手说："我们不谈生物

了，谈谈我们自己吧！您感到我的话可信吗？您怎样评价我这个人呢？"

埃玛并不了解达尔文的真正意图，不假思索地回答："我非常相信您，您是我见过的青年中，最坦率诚实，言行一致的人。"

埃玛的话给了达尔文勇气，他单刀直入地说："埃玛，我向您正式求婚，您愿意吗？"

埃玛突然感到一阵脸红心跳，高兴地说："当然愿意。亲爱的查理，您的这句话，我已经等了两年了。"

达尔文热烈地拥抱了埃玛，他们在花园的老树下吻了又吻。这是一个美好的秋夜，蝉儿快乐地鸣唱，菊花绽开了笑容，天边挂着娇媚的圆月。

1838年11月11日，达尔文在日记里写道："这是最幸福的一天，我得到埃玛全家同意我们结婚的回音。"达尔文开始为结婚而奔忙了。

达尔文与哥哥在伦敦的高尔街12号，租到了一间狭小的住宅。有两个房间：前面是会客室兼书房，摆着陈旧的地毯、桌椅和书籍；最豪华的用具是埃玛父亲送给的钢琴，它黑漆闪光，摆放在窗前。后面间是卧室，沙发、床、柜等家具都由埃玛布置。达尔文终于有了自己的家。

1839年1月29日，达尔文与埃玛在梅庄教堂举行婚礼。父亲、哥哥、两位姐姐和小妹参加了婚礼。舅父一家都为这个喜庆的日子而奔忙，乔赛亚拿出五千英镑给女儿做陪嫁费，并在热闹的婚宴上发表了热情洋溢的讲话。

婚礼后，达尔文与埃玛立即去威尔士度蜜月。然后，回到伦敦高尔街12号，开始了夫妻互敬互爱，幸福美满的生活。

达尔文每天继续他的科研与写作，但是，由于他是最年轻的皇家学会会员，又兼任学会秘书，许多客人慕名而来，常使他与埃玛有些应接不暇。埃玛总是从容不迫，潇洒大方地招待客人。如果丈夫留客人吃饭，她又能麻利地做出一桌经济实惠的饭菜。饭后埃玛的钢琴演奏是达尔文最快乐的享受。这种演奏陪伴了他一生，直到生命的最后一刻。

1939年12月27日，达尔文夫妇的第一个儿子威廉诞生了，这给家庭增添了无比欢乐的气氛。儿子不仅是达尔文的宝贝，而且是他研究人类表情的观察对象，婴儿早期的复杂细微表情是达尔文最珍贵的科研资料之一，这使他在晚年写成了《人类及动物的表情》一书。达尔文因为有了一个聪明伶俐的儿子而更感谢埃玛。

1841年3月2日，埃玛又生了个女儿，达尔文给她取名安妮·伊丽莎白。女儿美丽如花，却娇弱多病，她一直是达尔文夫妇的掌上明珠。这样一个四口之家，可算是完美无缺的。

达尔文在那次长达五年的环球考察中，得了终生不愈的眩晕症，常常复发。为了减轻达尔文的病痛，埃玛对他更体贴了，她常常为丈夫弹钢琴，读小说，陪他散步。

达尔文发病时，她总是一步不离地守候在身边，她体贴入微的照料，使达尔文十分感动地说："埃玛，像您这样照顾我，使我觉得生病是值得的。"

达尔文常常对朋友们称赞埃玛："她是世界上最善良的妻子，她的价值比与她体重相等的黄金还要宝贵。"

为了达尔文的健康，埃玛毅然决然地舍弃了繁华的都市生活，搬到了离伦敦32千米的农村去住。这是一个有300多户人家的村庄，位于海拔167米的高地上，四周是凯斯顿田野，清澈的小河响着叮咚的流水声，灌木丛中不时传来悦耳的鸟叫，芳香四溢的野花引来翩翩起舞的彩蝶……庭院与花园有7.33公顷空地，住宅是一座三层的十八世纪末的古典建筑，它是一座当之无愧的农村"疗养院"。

致力于科学的达尔文买不起这幢房子，为了儿子的健康，父亲与舅舅资助达尔文买下了包括庭院花园在内的房产。1842年9月14日，达尔文夫妇搬进了唐恩村。他们开辟了菜园和实验地，昔日荒凉的花园里，充满了勃勃生机。

达尔文十分崇拜著名地质学家赖尔并且对赖尔"工作强度以不损害身体健康为限度"的科学工作原则非常欣赏。在唐恩村的新居，他仿效赖尔，与埃玛一同制定了严格的作息时间表。清晨6点起床，7点45分吃早饭，8点半到11点读书，中间散步半小时，然后吃午饭，午后1点半到4点工作，5点到7点半写作，中间埃玛读小说半小时，晚饭后，听埃玛弹钢琴或下棋，10点就寝。这个时间表，他们坚持了40年。这使体弱多病的达尔文活了73岁，而且工作到生命的最后一刻。这一点，应该感谢埃玛细心照料。达尔文的身体非常不好，又得了奇怪的头晕胃疼病，经常四肢无力，卧床不起，严重时，使他想到死。甚至使他在35岁时，就为《物种起源》写过一次遗嘱。

达尔文有5个男孩，两个女儿，是一个多子女的家庭。达尔文感慨地说："我有17个孩子，因为一个男孩比3个女孩还顽皮。"

埃玛为了达尔文的工作，给孩子们规定了严格的纪律。工作时间任何人不许到爸爸的书房去，经过书房门前时，也要蹑手蹑脚，悄然无声。

科学家是要做出牺牲的，达尔文就失掉了健康，娱乐及与孩子享受天伦之乐。但是，他却完成了19世纪科学史上一次伟大的革命。

在我们阅读达尔文的伟大著作《物种起源》的时候，我们也应该感谢埃玛，她为达尔文毫无保留地奉献了自己，陪伴他长达43年的时间。人们赞美达尔文的科学成就，同时也赞美他美满的爱情与婚姻。

物种起源的探索

　　达尔文对自然科学的贡献是伟大的，成就是多方面的。他的著述颇丰，成就广博。他研究地质学，写了《一个自然科学家在贝格尔舰上的环球航行记》，与莱伊尔教授合写了阐述珊瑚礁新理论的《珊瑚礁》一书；他研究动物学，与欧文教授合写了《在贝格尔舰航行中的动物学》，写了《论蚯蚓在土壤形成中的作用》的论文；他研究植物学，与虎克博士争论盐水泡过的种子是否可以发芽的问题，他将水芹、萝卜、甘蓝的种子泡在海水里进行实验，实验证明他可以发芽的见解是正确的。但是，在广博的科学领域中，他最大的贡献是对生命起源和物种变异的研究，这研究的成果便是他最伟大的著作《物种起源》。

1844年5月30日，唐恩村的小学校长弗列丘先生把他刚刚抄写完的230页的《物种理论概要》送给达尔文，请他重新校订一遍。这是《物种起源》的第二稿，是他用了两年时间，把35页的《物种起源》提纲，改写成现在这个样子。但是，达尔文依然不满足，不想急于出版。第一，他面临的敌人是强大的，宗教的神创论和物种不变论，绝不会容忍他的新观点。第二，世俗与传统偏见也是十分顽固的，他在科学界的老师与朋友也很难接受他的新见解。赖尔这位地学界的前辈坚持物种不变论，曾多次支持自己的亨斯洛教授则相信神创论。第三，自己在许多生物领域中，还研究得不够深入，缺乏足够的证据。

达尔文一边校阅手稿，一边思考前进道路上的障碍。他突然感到一阵眩晕，心脏狂跳，四肢无力，不得不躺在沙发上。

身体的日渐衰弱和奇怪病症频频复发，使达尔文十分担心。他怕由于健康的原因，使自己无法完成这部巨著而留下终生遗憾。于是，他从沙发上爬起来，给他的爱妻埃玛写了一封像遗嘱一样的信，时间是1844年7月5日。

"亲爱的埃玛：

我刚写成《物种理论概要》的稿本，我坚信将来有一天，只要有一位学术权威的评论家，采纳我这个理论，那将是科学上的一大进步。

我如果骤然死去，这封信就是我一生遗愿的最庄严的请求，它如同我的遗嘱。

我请求您拨出400英镑，作为出版费用。如果能聘请一位优秀的编辑，再增加100英镑，我恳请您照付500英镑。请您自己或请您通过亨斯利（即乔赛亚·韦奇伍德先生—原文注）费心对它加以提倡。

我希望您把我的原稿交给一个有资格的人，把那笔钱也给他，这样可以使他对稿子不厌其烦地进行修改和补充。至于编者，如果赖尔先生肯充当，那就再好也没有了，我相信他对这个工作会感到愉快，并且可以得到一些他所不知道的事实。编者必须是地质学家兼生物学家，因此第二个人选是伦敦的福布斯教授。还有一个合适的人是亨斯洛教授，胡克博士也很好。"

当达尔文感到生命有危，想立遗嘱的时候，他首先想到的不是自己年轻的生命，不是子女，不是财产，而是他的著作。可见，科学家把科学研究看得比生命比儿女和金钱更加重要和宝贵。

达尔文的生命力是十分顽强的。当时他只有35岁，在埃玛的精心照料下，他终于战胜了病魔，奇迹般地活过来了。

达尔文在健康状况好转之后，继续全力以赴地研究生命起源与物种变异。他对生物界的各个分支领域，一一考察。仅仅蔓脚类动物的研究，他就用了8年的时间。从1846年，他写了1083页的"蔓脚类专论"。但，他仍嫌不够，对许多研究观察不充分的种类，依然夜以继日地孜孜以求。

1856年5月，达尔文对《物种起源》草稿进行第三次整理。篇幅比《物种理论概要》，又增加了三四倍。达尔文的朋友赖尔、亨斯洛和胡克，都劝他尽快出版《物种起源》。因为这个论题太广泛，太精深，一个人献出毕生的精力，也难于做到尽美尽善。另外进化思想的先驱者布丰（1707—1788）、拉马克（1744—1829）、圣提雷尔（1772—1844）等人已经对这个论题进行过研究。谁敢保证后来的有识之士不发表新的见解呢？一旦有人抢先发表了对物种起源的类似新论点，那么，达尔文几十年的心血就白费了，数十年之功将是为他人作嫁衣裳了。

赖尔为了促成《物种起源》的出版，邀请胡克一起来说服达尔文。

赖尔与胡克坐下后，就开门见山地谈起了《物种起源》问题。

赖尔单刀直入地问："查理，您的理论巨著何时问世啊？我已经等了20年了。"

达尔文略加思索后说："准备还不充分，有些生物还要做进一步的考察和研究……"。

还没等达尔文说完，赖尔就拦住了他："查理，人生能有几个20年呢？您已经做了20年的研究，还不充分吗？您应该尽早公布自己的学说，让更多的人研究它。如果这个学说是真理，那是英国的光荣。您迟迟不发表自己的理论，别人一旦走在前面，抢先研究出了你的理论，您就丧失了著作权。这样的例子，科学史上已经屡见不鲜了。"

胡克也趁热打铁地劝说："我十分赞同赖尔教授的意见，科学研究是永无止境的。照您的标准，再过20年也难以尽美尽善。同一个重大课题会有许多人研究的，怎么能保证德国人、法国人、美国人不发表物种起源的著作呢？"

达尔文十分固执，很少能有人说服他。三位老朋友的谈话，不欢而散了。

又是两年的时间过去了。1858年6月18日，达尔文正在继续撰写《物种起源》。埃玛放到他写字台上一封信，这是住在马来群岛的一位英国青年写来的，他的名字叫华莱士。

达尔文停下笔，打开这位青年人的来信。它是一篇论文，题目是《论变异无限地离开原型的倾向》。达尔文读他的论文，完全被惊呆了。华莱士所发现和阐述的自然淘汰原理，与他20多年来研究的自然选择学说是如此的相似，连论文中所用的科学术语，都与《物种起源》中的章节标题一模一样。赖尔与胡克所担心的事情真的发生了。达尔文怎样对待物种起源的首创权问题呢？

在名利面前的谦让

达尔文继续读华莱士的信和论文，他的脑海里渐渐地浮现出对这位青年人的记忆。

大约在几年以前，达尔文曾收到华莱士的第一封来信。信是从马来群岛寄来的，他对生物进化的研究已经引起了达尔文的注意。

达尔文还依稀地记得华莱士在1855年2月于伦敦的一家生物学杂志上发表过《制约新物种出现的规律》一文，反对物种不变的教条。大约一年多以前，达尔文还就华莱士的论文，给他写过一封回信。达尔文立即翻阅档案框里的资料袋，希望找到那封信的底稿。令人高兴的是他真的翻出来了。

"亲爱的华莱士：

从您的信中，更从一年多以前您在《生物学记录》所发表的那篇论文中，我清楚地看到我们的想法是非常相近的。而且在某种程度上已经达到相同的结论。关于

《生物学记录》中的那篇论文，我几乎同意每个字所包含的真理。……

关于物种同变种之间是怎样地而且按照什么道路发生了差异这一问题，自从我打开第一个笔记本以来，到今年夏天为止，已有二十年了。我现在正准备出版我的著作，我发现这个题目是太大了。我虽然写了许多章，但是，我想在两年之内，还不会出版……

达尔文读到这里，心头掠过一阵快慰。他庆幸早在一年以前，他已用这封信向华莱士说明自己对生物进化论的研究和他们观点的完全一致。

达尔文在翻找华莱士的信件时，又发现了1859年9月5日，他写给美国植物学家、哈佛大学生物学教授阿沙·格雷（1810—1888）的一封长信。这封信里，他详细地谈论了人工选择和自然选择为核心的进化论学说。这也是自己先于华莱士发现生物进化论的确证。

华莱士像一匹飞奔的骏马，从后边追了上来，大有后来居上之势，这使达尔文的思想激烈地斗争着。

达尔文想，当他在贝格尔号舰上做环球科学考察时，华莱士还是刚刚接受启蒙教育的小学生；当他在

1842年完成《物种起源》提纲时，华莱士也只是一个19岁的学生，仍然与科学研究无涉；现在，他的论文竟和自己21年研究的结论几乎完全相同。让自己断然地舍弃首创权，实是一件十分痛苦的事情。

但是，经过斗争，达尔文还是决定放弃首创权了。他给赖尔教授写了一封信，寄去了华莱士的信和论文。因华莱士来信表示：如果达尔文认为他的论文是有价值的，请转给赖尔先生一阅。

达尔文在信中表示，他完全支持华莱士的观点，这篇论文是十分有价值的，请赖尔帮助华莱士发表。而他愿意主动放弃物种起源理论的首创权，而不愿意因首创权之争，引起科学界的同行们对他的品德说三道四。

赖尔并没有按达尔文的要求去办，他收到达尔文的信和华莱士的论文，也为他们的观点惊人的相似而吃惊。赖尔立即找达尔文的另一个老朋友胡克商量，他俩一致认为达尔文放弃首创权的做法是错误的。他俩都亲眼看过达尔文1844年有关进化论的提纲，不止一次地催促他发表。他俩也知道达尔文给哈佛大学教授阿沙·格雷教授写的那封信，从五个方面阐述了达尔文对进化论的基本观点。他俩决定将这些材料与华莱士的论文同时发表，以便真实地记载科学史上进化论的发现过程。

他们感到困难的依然是说服达尔文服从他们的决定。为了说服达尔文，赖尔再一次读了达尔文的来信。

"亲爱的赖尔：

您的话已经惊人地实现了——那就是别人会跑到我的前面发表。我从来没有看到过比这件事更为显著的巧合；即使华莱士手里有过我在1842年写的那个草稿，他也不会写出一个比这更好的摘要来！甚至他用的术语现在都成了我那些章节的标题。请把草稿还给我，因为他没有叫我发表，当然我立即写信给他，建议把草稿寄给任何刊物去发表。因此，我的创造——不论它的价值怎样，将被粉碎了。

希望您会赞同华莱士的论文，这样我可以把您的话告诉他。

您的达尔文

1858年6月18日

赖尔感到达尔文的信，字里行间散发着隐隐悔悟。他长期身患重病，安妮不幸病逝；另外两个孩子也患了严重的猩红热，生命垂危；他几十年的心血又要毁于一旦，他能经受住这一连串的打击吗？为此，他除了立即回信外，又约请胡克，一起去唐恩村，看望和说服达尔文。在达尔文的客厅里，三位老朋友又发生了激烈的争论。

"查理，收到您的第一封信，我们商量了一个解决华莱士论文的妥善办法，我们今天是来征求您的意见。"

性情急躁的达尔文拦住了赖尔的话："华莱士论文的出现，对我确实是一个很大的震动，它甚至使我彻夜不眠。但是，我现在已经能够坦然地决定，把一切荣誉归于华莱士了。"

胡克又拦住了达尔文的话："您的谦让品格，我们十分钦佩。但是，14年前我们就看过您的论文提要。我们既不偏袒您，也不倾向于华莱士，我们完全出以公平之心。我们也要求您尊重事实。"

"华莱士信任我，尊重我，才把论文寄给我，我更应该尊敬他。相反，我利用这机会同时发表自己的论文，这能算光明正大吗？科学界的同行们会怎样看待我呢？" 达尔文越说越激动，脸都涨红了。

"查理，您为什么只想到科学界怎么看待您自己呢？为什么不想想科学界怎么看待你们的新理论呢？你们在遥远的两地进行研究，时隔20年，得出了相同的结论，这种殊途同归，不更加证明进化论是完全正确的吗？" 赖尔开始从另一个角度说服达尔文。

达尔文很受震动，他说："是啊，我与华莱士不是敌对的双方，就发现科学原理而言，我们是应该站在真理一边，向宗教神学和世俗观念共同作战的。"

胡克博士紧密配合赖尔教授："您不要以为华莱士发表了论文就万事大吉了。教会能承认进化论吗？守旧派会容忍这位小伙子的新论点吗？共同发表你们的论文与相关文件，您不仅与他一起分享首创权，也是与他一起冲锋陷阵，分担遭受攻击的风险。您难道忘记了圣提雷尔和居维叶的论战吗？布丰在宗教压力下放弃自己的观点不正是因为他势单力薄吗？进化论一旦发表，将有一场疾风骤雨式的论战，别说你们两个人同时上阵，就是我们四个人一致对敌，也是难以取胜的。"

达尔文默默不语，静静地思索着朋友的话，他感到就真理与荣誉而言，真理是比荣誉更重要的。他可以舍弃荣誉，但不能舍弃真理！

赖尔看到达尔文被说服了，就语重心长地说："查理，我们这些研究科学的人，首先要尊重科学的史实，也包括对我们自己的历史事实。科学家最重要的品德是诚实，如果我与胡克不能诚实地说出我们所了解的进化论发现的历史真实情况，我们就是千古的罪人！"

胡克立即感到了赖尔教授这句话的分量，他插话说："是的，科学家最重要的品德是诚实！我们不是要您接受荣誉，而是要您实事求是，做一个诚实的人！"

达尔文被说服了，他激动地站起来："亲爱的老朋友，谢谢你们在炎热的6月跑这么远来看我！我决定做一个诚实的人！只是我请求你们把华莱士的论文发表在前面，把我的摘要做附件或注脚。"

赖尔高兴地说："好吧，我们答应您的请求。"

胡克补充说："请把您写给美国生物学家阿沙·格雷的信交给我们，好把它作为附件发表。"

埃玛走进来请他吃午饭，但是，赖尔与胡克因急于要去林耐学会，便匆匆地告别了。

1858年7月1日夜7时，林耐学会应赖尔教授与胡克博士的请求，举行学术报告会。

林耐学会的书记宾尼掌握会场，他先请赖尔教授对两位作者的论文作简短说明。

一阵热烈的掌声过后，赖尔开始发言：“各位会员先生，今天报告会的两位论文作者是华莱士与达尔文，遗憾的是他俩都不能到场宣读论文。华莱士先生还在马来亚做科学考察，达尔文先生的小儿子前几天死于猩红热，全家都在隔离检疫，也不能到会。我们召开这次会议是因为两位作者，在相同的时间，不同的地点，进行生物进化的研究，却得出了完全相同的结论。华莱士将论文寄给了达尔文和我。达尔文对华莱士的论文给以极高的评价，为了华莱士能够独享生物进化论的首创权，他不想公布自己的研究成果。但是，胡克博士早在十多年前就看过达尔文的论文摘要，并与我一起劝说过达尔文尽快发表自己的论文。为了科学的公平和诚实，我们召开这次会议，请大家评论他们的观点。”

又是一阵热烈的掌声，赖尔宣布按惯例，作者缺席时由书记宾尼宣读论文。

宾尼清晰洪亮的声音在会议大厅里响，先后宣读了华莱士的论文，接着宣读达尔文的手稿摘要和相关信件。

会场里静静的，人们对"人工选择"、"自然选择"、"生存斗争"等术语感到十分新奇，没有大的骚动。只是在读到"新学说与拉马克的假设有很大差别时"，引起了一阵交头接耳与窃窃私语，拉马克的拥护者们引起了不安。

宾尼宣读完论文，胡克发表了简短的讲话，他说明了对华莱士和达尔文两人论文看法，支持他们的新观点，并证实达尔文确实在1844年有一个摘要。

由于进化论的理论很新奇，到会的学者都对这一问题还不十分了解，又有两位学术权威赖尔教授与胡克博士的支持。所以，保守学者们也没有提反对意见。

最后，宾尼宣布会议宣读的论文及相关资料将全部在林耐学会的学报上发表。

会议结束后，赖尔与达尔文分别写信给华莱士，向他说明论文的宣读与会议的反映。

华莱士是什么态度呢？他会不会坚持他是进化论学

说的发始人呢？

人们的担心很快就烟消云散了。在名利面前，华莱士像达尔文一样谦让。

他为达尔文《物种起源》一书喝彩，说它是"迄今为止最重要的书籍之一，"称生物进化论为"达尔文学说"，"自然选择的物种起源说的建立，完全是达尔文的功劳"，"达尔文的名字不但可以同牛顿的名字并列，而且他的工作将永远被看成是19世纪自然科学的最大成就之一。"

与达尔文对比，他评论自己说："当我还是一个好动而急躁的少年的时候，达尔文已经是一个耐心的下苦功的研究者了。他勤勤恳恳地搜集证据，来证明他发现的真理，不肯为争名利而提早发表他的理论。"

两个科学家淡泊名利，谦虚礼让的品德，先人后己，诚恳求实的精神，一直被人们传为世界科学史上佳话。

两军对战

　　赖尔教授是达尔文最可信任的老师和朋友。年轻时，赖尔把自己的地质锤赠给达尔文，鼓励他大胆地敲开神秘的地质世界；不久前，帮助达尔文解决了华莱士论文的难题；现在，他又为《物种起源》一书的出版，四处奔波，游说出版商。

　　赖尔经过仔细的考虑，他选择了英国最有实力的出版家约翰·默瑞（1808—1892）的出版社。

　　前几年，他已经把书稿送给默瑞。现在，他又亲自找上门来，想说服默瑞，尽快把《物种起源》付印。

默瑞先生在总经理办公室接待了赖尔教授。他正在与出版社聘请的顾问、英国皇家高等法院的法官波洛克商量这本书的出版问题。

赖尔十分幽默地说："默瑞先生，我的老朋友倾注了20多年心血培育的孩子——《物种起源》，可是一个宝贝啊！她完全可能同时给您带来美誉和金钱啊！"

默瑞眨着精明的眼睛，对赖尔报以友好的微笑："亲爱的教授，大概您还不了解，现在人们只爱买那些给人轻松愉快的游记和惊心动魄的侦探小说。科学专著很少有问津，不要说赚钱，不赔本我也就谢天谢地了。至于是否能带来美誉，我不敢奢求。因为这本书标新立异，违背《圣经》，我真怕给我带来祸患。"

赖尔赶忙解释说："出版商是传播真理的使者。科学史上许多重大贡献开始时都被看做标新立异，甚至被指责为异端邪说。哥白尼的《天体运行论》、伽利略的《两大世界体系的对话》和拙作《地质学原理》，不都被斥为离经叛道，有的甚至付出了血的代价吗？我想默瑞先生是愿意为传播真理而冒险的！更何况英国是言论自由的国家，您决不会遭到哥白尼的命运。你看我不是健康地活着，而且受到地质学界的尊重吗？"

默瑞不愿再与赖尔辩论了，就拦住了他："好吧！口若悬河的教授，我是领略了你雄辩的才能。我请来波洛克法官，就是请他为我把关定向，我们听他的高见吧。"

波洛克法官一直笑容可掬地听两位唇枪舌剑。默瑞点了他的名，他就不得不发言了：

"我刚刚通读了原稿，我总的感觉这是一本论点新奇的书，大部分读者对他的论点难以接受的，就是科学家和知识界多数人也很难接受它。但是，达尔文是一个有名望的生物家，他用21年的时间研究并撰写了这本书，肯定是为了探索真理，而不像诗歌，小说、游记那样为了给人轻松愉快。像赖尔爵士这样地质学的一代宗师出面推荐它。我认为它是应该出版的，只是怕读者太少，印一千册就可以了。

赖尔一听波洛克同意出版，真是大喜，可只能印一千册，又觉得太少了，"波洛克法官，我们接受您的裁判。坦白地说，达尔文书中的一些观点，我是不能全部同意的。但是，只印一千册，实在太少了。"

默瑞极具商人的敏捷与圆滑，他调和说："看在二位的面上，再多印250册。但愿它别堆在书店里无人问津。"

就这样《物种起源》终于找到了"婆家"，校样很快就送到了唐恩村。达尔文像一个十月怀胎的母亲，临产了，反倒胆怯起来。他把校样印制许多份，纷纷寄给科学界的朋友们，想听不同的意见，以便修改。

出乎达尔文的意料，有一位朋友不是把不同意见寄给他修改，而是在《英国科学协会会报》上发表匿名评论，连篇累牍地攻击达尔文。达尔文的书还没有问世，就引起了轩然大波。这从反面帮了《物种起源》的忙，读者倒想看个究竟，竟使初版1250册，在当天就销售一空。

如果说林耐学会宣读华莱士的论文和达尔文的书稿摘要，只是投石问路，没有引起多大的反响，而《物种起源》全书的印发，则如一颗重型炸弹爆炸，在英国乃至欧洲掀开了巨大的冲击波。

攻击的敌人来势凶猛，而赞成的朋友却寥寥无几。真被胡克博士所不幸言中了，达尔文与华莱士共享生物进化论的首创权，主要的不是分享荣誉而是为了共担风险。但人们似乎忘记了华莱士的论文，而纷纷将矛头指向了《物种起源》。

因为《物种起源》以其丰富的材料，无可辩驳地证明了生物不是上帝的创造，而是少数古代祖先的直系后代，全部不同种类的生物，都是由共同的祖先传下来的。它们在自然选择的作用下，生存竞争，由低级到高级，由简单到复杂，不断地进化着，发展着。这就是进化论的核心思想。这种"异端邪说"当然为宗教神学所不能容忍。

校对完《物种起源》全书，达尔文就支撑不住了。他不得不到艾克雷镇的医生家里进行水疗。他除了心律失常，头晕目眩的老病复发外，还满身皮疹，脸、腿肿得发亮。可是，他依然躺在病床上听埃玛念那些来自报刊和书信的攻击。大多数人是相信神学的牧师和皈依天主的学者，他们认为达尔文亵渎了上帝的《圣经》。

最使达尔文伤心的是感情很好的朋友也不能接受他的学说。如著名的亨斯洛教授就不同意达尔文的基本观点。而他的地质学老师塞治维克教授竟认为生物进化是由于腐败的理解力造成的，并署名"从前您是我的朋友，现在是猴子的后代。"

赖尔教授曾多次劝他尽快发表《物种起源》，并为该书的出版奔走游说，但达尔文否定上帝造物的理论他也不能接受。塞治维克教授对书中人是从动物演化来的思想表示震惊，他说绝对不能为这种侮辱人类的学说辩护。

坚定支持达尔文的有两个人，那就是胡克博士与动物学家赫胥黎先生。

胡克的来信对达尔文的书给以极高的评价："您的书对于奇异事实和新鲜现象的精密推理是十分丰富的。这真是一部伟大的著作，它将会得到非常的成功。那些懒惰的印书者们没有把我的那篇不走运的论文印完。如果把我的这篇论文放在您的那本书的旁边，它就像皇家旗帜旁边的一块烂手绢。"

赫胥黎的信充满激情，使达尔文十分感动："我看到的生物学方面的著作，没有一本给过我这样深刻的印象。我最衷心地向您表示谢意，因为您给了我大量的新观点。我认为这本书的格调是再好也没有的了，它可以感动对于这个问题一点也不懂的人们……

为了您的理论，我准备接受火刑。

据我估计，很多的辱骂和诽谤，已经为您准备好了，希望您不要为此而感到厌恶和任何烦恼。您要有信心，因为您已经博得了一些有真知灼见的人的感激。至于那些狂吠的恶狗，您不要害怕，您必须想到您的一些朋友，不管怎样。总还有一定的战斗力。

我正在磨砺我的爪和牙，为对付他们做准备……"

达尔文感到赫胥黎就站在自己的面前，他高大的身躯比达尔文略瘦，双目炯炯有神，喷射着火辣辣的光芒。他是《威斯敏斯特评论》的撰稿人，是一个有真知灼见的科学家和捍卫科学真理的猛士。他不但有犀利的笔锋，极具征服力的论文，而且还有辩论天才，他的语言新颖泼辣，生动形象，讲演时总是座无虚席。

想到这一切，达尔文对埃玛说："好了，好了，有了赫胥黎的支持，我可以安然地死去了。"

赫胥黎一边写信鼓励和劝慰达尔文，一边策马挥刀，冲锋陷阵了。

他在《麦克米伦》杂志上，发表了《时间与生命》

一文，支持《物种起源》。他还在英国第一大报《泰晤士报》发表《物种起源》的书评。

他那深刻独到的见解，优美流畅的文笔，征服了众多的读者，扩大了进化论拥护者的队伍。

在这次科学争论的两军对战中，达尔文一方面因赖尔态度暧昧而痛苦，另一方面又坚信赖尔会支持他的学说，因为他占有真理，赖尔最终是会与真理站在一起的。所以，他不顾极度衰弱的身体和频频复发的老病，居然乘车去伦敦，他要当面聆听赖尔老师的意见，并设法说服他。

当达尔文在埃玛的搀扶下，摇摇晃晃地走进赖尔的家门时。赖尔与正在他家争论问题的胡克博士都大吃一惊。他们让达尔文躺到沙发上，然后问他："亲爱的查理，是什么事使您这样着急，竟带病长途跋涉呢？"

达尔文拿出了衣兜中的《每季评论》，翻到了牛津大学教授威尔伯福斯的那篇文章，指给赖尔说："您看看吧，您的态度和立场是多么重要！教会的辱骂，莱顿的嘲讽，守旧派的攻击……我都不在乎。但是，您却不同，您一向是我的靠山、导师和裁判长。我必须当面聆听您的教诲，我期望着您的支持！"

赖尔看到了威尔伯福斯文章的关键一段："达尔文认为他可以把赖尔爵士算做他的信徒之一，我坚信他是错了……因为没有人比赖尔爵士更合理地否认了物种可变的说法。再者，这种否认不是发生在他科学生涯的幼年时期，而是发生在他科学生涯的成熟时期"。

赖尔思索片刻说："查理，为了说服我，胡克博士已经与我谈过多次了。我也在进行着激烈的思想斗争。接受您的思想，我就改变了几十年的信仰，而我对新的信仰还没有看得很清楚。毫无保留地支持《物种起源》就否定了我的《地质学原理》的一些章节。这本书使我在科学界的地质学领域保持了30年的导师地位，自我否定难啊！所以，我请您给我时间，我要进一步的思考。"

达尔文感激地说："是的，我们的分歧实在太大了，我们的分歧只有一个办法可以消除，那就是请您重读我那本书的前四章。

您曾经在地质学领域里，点燃了熊熊的火炬，冲破居维叶"灾变论"散播的黑暗，把地质学从"上帝的创造行动"中解放出来，这给我指明了走向生物进化论的方向，使我在理论上和方法上都看到了光明。我坚信任何偏见都挡不住您正直的视线，请您再一次举起真理的火炬，斥退那些摇旗呐喊的魑魅魍魉，给生物科学再次带来光明！"达尔文越说越激动，从沙发上站了起来。

赖尔与胡克一起扶住他，对埃玛说："送他回医生那里去，我们一定好好读他的书。"

几天以后，赖尔教授转变了态度，他重新披挂上阵了。他起草了论述人类起源的文章，公开表示自己是一个达尔文主义者。他还对《地质学原理》的第10版进行了大规模的修改，在前言里写道："由于生物学与地质学的进步，有几章必须全部重写，其余的章节也要有所增删。"

赖尔教授不愧为他所处时代的科学伟人，他奖掖后学，扶持青年，勇于坚持真理，勇于修正错误，这些，为他赢得了崇高的荣誉。他与达尔文互相帮助，共同为真理而战斗的友谊，也成了世界科学史上的千古佳话。可是，并不因为权威的支持，达尔文就可以松一口气。围绕生物进化论的论战，却更加扩大，更加激烈了。

在教会的旗帜下，聚集了一批主教、牧师和信奉神创论的科学家。他们在《英国科学协会学报》、《爱丁堡评论》等刊物上，连篇累牍地发表文章攻击达尔文与《物种起源》。

牛津大学的威柏弗斯主教率领他的信徒们去各地演说，竭力诋毁达尔文的学说，颂扬上帝的仁慈和造物主的英明。

宗教界反对进化论，达尔文并不感到奇怪，这早在意料之中。最使达尔文痛心的是有批知名学者和他的朋友激烈地反对进化论。

欧文教授曾经是达尔文的顾问，一夜之间变成了他的仇敌，他用最恶毒的语言攻击达尔文与进化论。

天文学家赫歇尔曾是伦敦高尔街12号达尔文家的常客，现在，这位对生物学所知无几的朋友，也来反对生物学领域的这场革命，他指责《物种起源》全是杂乱无章的法则。

达尔文剑桥大学时代的老师，地质学家赛奇威克教授给达尔文的信中说："当我读着您的著作的时候，我感到痛苦多于愉快。其中有些地方使我狂笑起来，笑得我两肋酸痛不堪；还有些地方使我感到极大的痛苦，因为我认为这些是完全错误的，而且是令人难堪的恶作剧。"

塞奇维克还在《旁观者》杂志上发表文章，讽刺达尔文，说进化论是"用一串气泡做成一条坚固的绳子。"

还有美国鱼类专家路易斯·阿加西斯（1809—1873）、英国昆虫学家穆瑞（1812—1878）、著名生物学家哈威（1811—1866）都异口同声地反对达尔文与进化论。

有些不明真相的群众，也随声附和，写信攻击甚至辱骂达尔文，说他是英国最危险的人。

对这些朋友与不明真相的群众，达尔文必须耐心地宣传解释，在三个月里他写了200多封复信，不厌其烦地向每一个来信人解释。

进化论的拥护者们，也奋起迎战了。在英国，胡克与赫胥黎在各种辩论会上奋起应战。在科普读物上宣传达尔文主义，在报刊发表《物种起源》的评论文章。在美国有爱沙·葛雷高举达尔文的旗帜，为进化论冲锋陷阵。在法国有进步作家左拉为《物种起源》叫好。

最激烈的论战，发生在英国的牛津大学。6月28日，牛津大学举办英国科学协会会议。牛津大学的道宾尼博士和欧文教授先后向达尔文的进化论发起攻击。

道宾尼宣读的论文是《论植物性别的终级原因兼论达尔文先生的（物种起源）一书》，他对《物种起源》断章取义，进行恶毒的攻击。由于达尔文因病未能出席，会议主席希望被达尔文称为"总代理人"的赫胥黎代为答辩。赫胥黎认为由于神甫、牧师、主教和有神论者占大多数，这些人的思想感情绝不是辩论的言辞所能扭转，不宜在他们面前展开更多的讨论。

欧文教授见赫胥黎不肯回答，就进一步提出挑战。他利用达尔文指出猴子是人类祖先这一问题挑起听众的愤怒："我愿以哲学家的精神参加讨论。相信猴子是人的祖先，这不是对人类尊严的侮辱吗？我的研究表明，大猩猩的脑与人类的脑之间的差异比大猩猩的脑和低等的猕猴的脑之间差异还要大"。

赫胥黎回答欧文说：达尔文指出猴子是人类的祖先是生物学的一次革命，它将生物学从神创论的桎梏中解放出来。为了详细论述这一问题，他将专门写一本书，来回答欧文教授和一切关心这一问题的听众。后来，他真的履行了诺言。

6月30日，辩论更加激烈。事先，牛津大学的威柏弗斯主教就组织力量，召集听众，扬言要在会场上打倒达尔文主义。威柏弗斯主教的论文是《回顾欧洲的智力发展兼论达尔文先生的观点》，他再次指名要赫胥黎回答。赫胥黎表示愿意公开答辩，听众立即激增，人们像潮水般拥来，牛津大学的讲演厅已经容纳不下，会议移到图书馆的会议室去举行。没想到会议室里不仅座无虚席，连走廊上也挤得水泄不通。

会议由亨斯洛担任主席。为了防止那些感情偏激又很无知的人扰乱会场，他宣布凡是在正反两方面提不出有力论证的人不许发言。会议进行期间，有四位论证不力的人被停止发言，这样才有效地控制了会场的秩序和时间。

威柏弗斯主教首先发言，他趾高气扬地做了半个多小时的演说。他口若悬河，言辞优美，音调悦耳，很能迷惑一些听众。他虽然对生物学一窍不通，也大谈石炭纪的花朵与果实，菜园里芜菁的变种。

他挑衅地提了两个问题：第一是"难道可以相信菜园里有益的芜菁能变成人吗？"第二个是对赫胥黎的人身攻击，"坐在我对面的赫胥黎先生，你究竟是通过你的祖父还是通过你的祖母同无尾猿发生了亲缘关系？"

威柏弗斯主教的人身攻击和冷嘲热讽博得了神甫、信徒和他组织来的听众一片喝彩，还有一些宗教信徒狂热地呼喊，交际花布留斯特夫人也疯狂地叫好。

赫胥黎的答辩，没有哗众取宠的言辞，只是用雄辩的事实论证达尔文主义是科学的真理。对威伯弗斯主教所举的生物学例子，一一分析批驳，证明主教对生物学十分无知，完全是一派胡言乱语。

最后，赫胥黎回答主教对他的人身攻击，"至于说到人类起源于猴子，当然不能这样简单地来解释。这只是说人类是由猴子那样的祖先演化而来的。但是，你对我提出的问题，并不是以平静的研究科学的态度提出的，所以，我将做如下回答：我过去说过，现在我再重复一次，一个人没有任何理由，因为他的祖先是猴子而感到羞耻。我为之感到羞耻的倒是这样一种人：他惯于信口开河，对自己无知识毫不怀疑，还粗暴地干涉他根本不理解的科学问题。他避开辩论的焦点，用花言巧语和诡辩的辞令来转移听众的注意力、企图煽动一部分听众的宗教偏见，以压倒别人。如果我有这样的祖先，才真正觉得羞耻。"

赫胥黎的话激起思想激进的大学生们一阵阵热烈的掌声，进步的学者也为之欢呼雀跃。

威柏斯主教被驳得哑口无言，神经脆弱的布留斯特夫人当场气得昏倒在地，贵夫人们尖叫起来，会场上一片混乱，会议不得不暂停一段时间。

辩论会再次开始时，进步学者们要求胡克博士发言，大学生们有节奏地呼喊："胡克，胡克，胡克。"亨斯洛主席请胡克发言。

胡克从容不迫地走上讲台，向呼喊他名字的人们招手致意，然后逐条剖析威柏弗斯主教所举的生物学例子，证明他根本不理解《物种起源》的原理，对植物完全无知。主教对胡克博士的批驳不敢回答，偷偷地溜出了会场。听众站起来向胡克、赫胥黎欢呼和鼓掌，牛津大学的这场大辩论，以进化论的彻底胜利告终。

为了进一步扩大进化论的影响，使达尔文主义深入人心，赫胥黎与胡克等经常利用星期天晚上，在伦敦圣马丁教堂演讲大厅举办生物进化论的讲演，每次演讲大厅里总是座无虚席，水泄不通。连马克思夫人燕妮和女儿们也来听讲演。燕妮在文章中回忆说：大厅里挤满了人，人们的情绪非常热烈。当第一个星期日晚上，我同女儿们来到大厅时，就有两千多人不能进入那个已经挤得满满的闷热的会场。"

赫胥黎还以通俗的语言，流畅的文笔，出版进化论和科普读物，让更多的人了解从《物种起源》传播的真理。他在《人类在自然界的位置》的小册子中，从比较解剖学、发生学、古生物学等方面，详细论述了动物与人类的关系，通俗地阐述了人猿同祖论。

真理是任何力量也阻挡不了的，达尔文的生物进化论的旗帜终于在英国各地迎风飘扬了。

在德国，《物种起源》一发表。就得了马克思、恩格斯、威廉·李卜克内西等一批无产阶级革命家的支持。在《物种起源》出版不到20天时，恩格斯给马克思写信说：

"我现在正在读达尔文的著作，写得简直好极了。目的论过去有一个方面还没有被驳倒。此外，至今还从来没有过这样大规模的证明自然界的历史发展的尝试，而且还做得这样成功。"

据威廉·李卜克内西回忆，《物种起源》发表初期，有好几个月马克思与他的朋友们，见面时不谈论别的问题，只谈论达尔文主义和进化论学说的革命力量。

马克思在致拉萨尔的信中说：

"达尔文的著作非常有意义，这本书（指《物种起源》）我可以用来当做历史上的阶级斗争的自然科学根据……在这里，不仅第一次给了自然科学中的"目的论"以致命的打击。而且也根据经验阐明了他的合理意义。"

马克思把他的《资本论》第一卷，德文第二版送给达尔文。他在扉页上题写：

赠给查理·达尔文先生

您真诚的钦慕者卡尔·马克思

1873年6月16日于伦敦

达尔文收到书后，写了热情友好的回信：

亲爱的先生：

我感谢您送给我您的伟大著作《资本论》的荣誉，我深愿自己能够更深切地了解那些政治经济学上深远而且重要的题目，使我受之无愧。虽然我们两人的研究方面是这样不同，但是，我相信我们都是努力希望扩大知识的人，并且经过长期努力以后，一定能够增加人类的幸福。

您永远忠实的

查理·达尔文

1873年10月1日

达尔文把马克思的赠书视为珍宝，他一直保存着，至今还陈列在达尔文故居里，它是马克思与达尔文两位巨人之间伟大友谊的见证。

马克思、恩格斯不仅在朋友中间称赞达尔文的学说，并且对攻击《物种起源》的敌人，给以坚决的回击。

杜林攻击生物进化论是不科学的，污蔑达尔文除了抄袭拉马克的东西之外，一无是处；……从虚无中得出了自己的变化与差异。

在批判杜林的错误观点时，恩格斯指出达尔文在环球考察中，收集了大量的地质学、生物学实物，产生了物种可变的思想；航海归来，又研究家养动植物，发现物种在人工培养下的变异；又研究自然界生物进化的原因，形成了自然选择学说。

恩格斯出于义愤，用辛辣的语言批判说：

"极为谦虚的达尔文多么伟大！他不仅把整个生物学中的成千上万事实搜集在一起，进行分类和加工，而且还愉快地引证每一位前辈，即使这样做有损于他自己的荣誉，他还是引证了。而自己一事无成，对任何人的成就都不满意，又大吹大擂的杜林，是多么微不足道啊！"

一个革命的学说总是要经过艰难曲折的斗争才能取得胜利，科学真理总是在与谬误和各种丑恶、愚蠢的旧势力的斗争中，才闪烁出更加耀眼的光辉的！

晚年的苦斗与荣誉

　　在全世界的进步学者为达尔文主义奋勇战斗的时候，达尔文多数时间躺在病床上。他已经变得越来越衰老了。秃顶越来越大，只有后脑还残留着半圈灰褐色的头发，宽大的前额上嵌着深深的皱纹，而且有些驼背了。

　　有一段时间，埃玛与小儿子也得了猩红热，家里呈现一片凄凉的景象，只有仆人支撑着。但是，达尔文并没放弃他的科学著述。

　　从1860年到1872年，达尔文在与疾病的苦斗中，写完了《动物和植物在家养下的变异》、《人类起源与性选择》、《人类和动物的表情》等三本著作。

这三部著作很快成了各国进化论者的有力武器。事实胜于雄辩，达尔文最善于用科学的事实证明自己的学说。由于这些著作的迅速传播，到19世纪70年代末期，达尔文的进化论学说已在欧洲与美国取得了普遍的胜利。

达尔文并有因胜利而停止科学研究，他在写给赫胥黎的信中说：

"这将是一个长期的斗争，在我们死去以后还在进行……颠倒黑白的力量真是大极了。"

他像钟摆一样，一刻不停，他像海绵吸水一样，孜孜以求，生命不息，战斗不止。

在上述三部专著之后，他又完成了《兰科植物》、《食虫植物》、《同种花的不同形态》、《植物的运动能力》等论著。他一生写了22种专著，80多篇论文，几乎每一篇著述都有新的发现和独到见解。

他拖着多病的身躯，继续进行大量的实验。为了研究异花受精和自花受精的效果，1866年他进行了玄参科植物的对比实验，一种是自花受精的后代，另一种是异花受精的后代，实验证明自花受精的后代不及异花受精的后代生长旺盛。

为了证明这一发现的规律性和普遍意义，他扩大了实验，用59种植物同时进行，涉及30个科，52个属，经过11年才实验完毕。

在大量实验的坚实基础上，他写成了《植物界异体受精和自体受精的后果》。

达尔文父亲留给他的财富，足以够他享用；他有爱妻埃玛的无微不至的关怀，身体又衰弱多病，完全可以安享晚年的天伦之乐。但是，他对科学的热爱胜过了一切，没有一种快乐能比科学研究更使他陶醉了。一直到老态龙钟的晚年，誉满全球的达尔文，依然在顽强地工作，在苦斗中求得快乐。

达尔文的晚年，随着他的苦斗而来的是多得无法述说的荣誉。

1864年《物种起源》被译成53种文字，在全世界发行。达尔文的名字成了伟大的象征，他已经成为科学工作者的崇拜偶像。《物种起源》在英国已经家喻户晓，在各国的知识界，也成了多数学者的案头书。

各种各样的荣誉证书，雪片般飞来；世界各地的最高奖赏也纷至沓来。

送给达尔文荣誉证书的有英国剑桥大学名誉法律博士、比勒思劳大学名誉医学外科博士、波恩大学名誉医学外科博士、法国科学院植物组通讯院士等。对于这些荣誉，达尔文一向是淡然处之，从不炫耀。

授予达尔文的奖章有地质学的华拉斯登奖、英国皇家学会奖、皇家医学院的贝勒奖，此外，还有德国、法国、美国、荷兰、比利时、意大利、丹麦、葡萄牙、西班牙、俄罗斯、瑞典、瑞士等70多个国家和地区的科学院、学术团体向他颁奖和授予荣誉称号。

1864年，英国的皇家学会决定向达尔文颁发柯普雷奖章，这是一位科学工作者在英国所能得到的最高荣誉。

老朋友胡克博士极力劝达尔文去亲自领奖章，因为这标志着《物种起源》的胜利。福司克也催促达尔文去领奖，他说这是英国向全世界开放的至高无上的荣誉，谁也没有理由不亲自到场，享受那巨大的快乐。

达尔文还是以年老多病推辞了。11月30日发奖的那一天，他非但没有去领奖，也没有享受这个巨大荣誉带给他的快乐，却待在自己的书房里忍着病痛写作。

维多利亚女王由于受宗教顾问牛津大学主教的影响，也由于许多笃信上帝的贵妇人在她的耳边喋喋不休，她一直反对达尔文的进化论。她曾坚决地否决了自己的丈夫艾伯特亲王提出封达尔文为爵士的建议。但由于全世界都在颂扬达尔文的科学成就。英国女王最后也转变了态度，决定封达尔文为爵士。对于英国社会上层人士梦寐以求的荣誉，达尔文竟根本不予理睬。

1867年，普鲁士"功勋骑士团"授予达尔文"功勋骑士"的称号。他也无动于衷，他给老朋友胡克博士写信说：

"我已经被封为骑士了，但是，我认为这算不了什么。骑士勋章和那圆圆的柯普雷奖章，只是一块圆形的小金牌，对我有什么用呢？"

在各种各样的奖励与荣誉中，达尔文最重视的是来自科学界朋友们的称赞。

1877年2月12日，达尔文69岁的生日．他同时收到了两本影集。一本是德国蒙斯特的雷德先生组织的154位科学家的照片与签名；另一本是荷兰班墨兰教授发起的217位自然观察家与科学爱好者的照片与签名。

当埃玛把两本影集交给达尔文的时候，他欣喜异常，一页一页地翻看同行的照片，深情地对埃玛说："这是我能得到最高荣誉。"

他离开安乐椅，走向写字台，给两位发起人写信。

"亲爱的班墨兰教授：

我清楚地看到，如果没有那些可钦佩的观察者所搜集的大量材料，我绝对写不出那些书来，没有他们提供的生动丰富的材料，那些书也不会在读者的头脑中留下什么印象。因此，光荣基本上应该是属于他们的。

……

我以为每一位科学工作者都难免遇到沮丧，并且会怀疑他所发表的东西是否值得花那样多的精力。但是，在我一生余下的几年中，当我需要鼓舞的时候，我将会看一看科学界这些同行的照片，并且想一想，他们给我的那种慷慨的同情。当我死去的时候，这些照片将是留给我的孩子们的一份珍贵的遗产。

您的忠实的达尔文"

"亲爱的雷德先生：

这些礼物使我感到了极大的满足，我认为再也没有比这个更使我感到光荣的纪念品了。……"

达尔文是这样说的，他也是这样做的。后来，他把这些照片中与他来往最密切的朋友的照片，挂在他一楼的房间里。他常常对孩子们与客人讲这些人与他的友谊。

"你看，那就是胡克博士。他不仅是一位伟大的科学家，而且是一位捍卫真理的勇士。没有他的帮助，《物种起源》是难以传播的。"

"请注意，这是赫胥黎先生。他作为我的'总代理人'是当之无愧的！他是宣传和传播进化论的第一功臣。他用事实充分，口若悬河的演说，征服了大量听众；他用通俗易懂，深入浅出的科普读物，争取了数以万计的读者；是他在我重病缠身，卧床不起的时候，为我高举战旗，呼喊冲杀，才使进化论取得了今天这样的胜利！"

"您再看，那是赖尔教授。我地质学的启蒙之师，我在科学上的每一个成就，都和他伟大的《地质学原理》有关。他送给我的地质锤至今我还完好地保存着。为了支持我，他曾经做出了痛苦的牺牲。正是他与胡克不断地肯定我的科学研究，坚决主张同时发表华莱士的论文和我的提纲，劝我做一个诚实的人。"

晚年的达尔文，这位科学战线的老将真可谓"老骥伏枥，志在千里，烈士暮年，壮心不已"。他充当了科学研究的护卫之神。

那不勒斯动物研究所的科研经费遇到了困难，他立即给窦恩教授写信，决定从意大利发给他的比萨奖金中拨一部分给动物研究所。

皇家植物园编写的《植物名汇》是植物学家的工具书。它的撰写需要经费资助，达尔文再次慷慨捐助。经过十多年的努力，《植物名汇》终于完成，它的手稿竟有一吨多重，可见其规模何等巨大。为了感谢达尔文的资助，皇家植物园又称这本巨著为《达尔文植物名汇》。

第一个站出来出版《物种起源》的出版商默瑞，与达尔文结下了深情厚谊。达尔文将五千英镑交给默瑞，请他组织翻译出版各国的科学名著，并购买后分赠各学术团体的图书馆，以促进英国科学事业的发展。

对科学家们，他也千方百计地给以帮助。

和他共享进化论首创权的华莱士，经济上一直比较困难。他积极为华莱士争取到了皇家学的科研津贴，使华莱士渡过了难关。

动物学家弗里茨·马勃在巴西做科学考察，遇到突发的洪水，损失十分惨重。他立即为这位不幸的科学家买了损失的全部仪器和书籍，使他能够继续进行科学考察与研究。

英国家学家托尔毕，在培育马铃薯变种的过程中，遇到了经费困难，他又慷慨解囊，捐助钱款，使实验得以继续。

1873年，他最忠诚的老朋友赫胥黎，患了严重的肝病，必须诊治和长期疗养。但是，赫胥黎一时还弄不到这笔钱。

达尔文听说后，坐立不安，忧心如焚。科学事业不能没有赫胥黎，捍卫真理更不能没有赫胥黎！但是，这位自尊心极强的老朋友是不肯轻易接受别人资助的。

达尔文就与埃玛、胡克商量，想一个妥善的办法，即使赫胥黎接受钱款，又不伤害他的自尊心。

达尔文对妻子说："亲爱的埃玛，赫胥黎病了，他非常危险，我们要和上帝争夺他啊！"

"亲爱的查理，我明白您的意思。明天就给他寄去一些钱，我一直想感谢他对您仗义执言的帮助。"埃玛十分理解丈夫的心意。

"可是，您知道他的自尊心极强，他又十分固执。如果送钱或借钱给他，他很可能会拒绝的。您先准备一笔钱，我去找胡克商量一下，看看以什么方法给他。"

经过与胡克商量，达尔文将钱存入银行，给赫胥黎写了如下的信：

"亲爱的赫胥黎先生：

一笔2100英镑的钱款，已经存入您的银行账户，这样做是为了公众的利益。

请您放心，如果您能听到我们说了些什么，或者能够了解我们内心深处想了些什么，您就会知道我们大家对您的感情和对一位可尊敬的深深热爱的兄弟应有的感情完全一样。我相信您也会用同样的心情来对待我们，乐于给我们一个对您略尽心意的机会，因为这是我们终生感到高兴的事情。

让我再补充一句，这个做法是几个朋友同时想到的，事先并没有商量。"

赫胥黎在贫病交加中收到这封感人肺腑的信。没有理由不给朋友们献爱心的机会。他不仅没有拒绝，而且反问自己："我给他们和公众做了什么？竟得到朋友们如此的厚爱？"

1879年2月，达尔文迎来了他70岁的生日，《宇宙杂志》为他出版了纪念专刊。

德国生理学教授波瑞耶尔写了介绍达尔文生平与主要著述的文章，德国植物学家克劳斯博士撰写了称颂达尔文祖父科学成就的文章，比较祖孙两人在科学史上的贡献，还刊载了一些老朋友的祝贺信等。

达尔文变得更加衰老了，而且老病常常复发，他知道上帝留给自己的时间不多了。他还是想做一些科研工作，因为这是他一生最大的快乐。

不久前，他写了一篇攀缘植物的论文，受到老朋友胡克博士的批评，说它的观点不明确，阐述不清楚，甚至行文都不连贯，使人不知所云。

达尔文看了胡克的批评，决定再写一本好书来挽回影响。他忍受着疾病的折磨，终于写成了《植物运动的能力》，受到了朋友们的一致好评。

有一家出版商找达尔文商量，想出版他早年有关火地岛与南美洲的地质学著作。这使达尔文联想到他早年写《论土壤的形成》的论文，他感到那篇文章必须做些补充，就利用身体稍好转的时间，边观察研究，边著述新见。

1881年10月10日，他的新著作《经过蚯蚓作用的土壤的形成》终于出版了。这是他留给我们的最后一部著作。

达尔文在衰老病痛中完成的这部著作，依然保持了高质量，因此深受广大读者的欢迎，特别是青年读者争相购买，这使达尔文十分兴奋。

他高兴地说："关心这种小动物对土壤影响的人是这样多，完全出乎我的意料。"他给自己的朋友、英国植物学家达伊尔写信说："人们几乎用一种可笑的热情欢迎我那本书。"

实际上，还是由于达尔文对于蚯蚓和土壤做了广泛深入的研究，访问了许多老农与专家，又亲自进行了大量实验，他才能写得深入浅出，生动形象，为广大青年读者所喜爱。

正如一位著名评论员所说：在大多数人看来，蚯蚓不过是没有视觉，没有听觉，没有嗅觉，而且黏滑得让人讨厌的爬虫而已。达尔文却为蚯蚓恢复了名誉，蚯蚓以新的面貌出现了：这种聪明善良的小爬虫，以它顽强的精神，使大地发生了巨大的变化，它是削平山头的推土机，人类的朋友。"

达尔文是一个为人类酿造甜蜜的工蜂，生命不息，工作不止。

他完成《经过蚯蚓作用的土壤的形成》一书后，还想继续进行科学研究工作。但是，他实在支撑不住了。

他痛苦地给胡克写信说："我感到很难过，我再没有勇气和体力去开始进行一种需要费时几年的研究……我找不到我能够做的任何细小的工作了。"

1882年3月7日早晨，达尔文突然感到胸痛，脉搏出现异常，他不得不躺在床上。下午，他又拄着拐杖，带着爱犬"波利",到他与埃玛最喜爱的"沙径"上去散步,他还希望自己能好起来。但走了不远,胸痛又剧烈起来,头上淌下了豆粒般的汗珠,他只好与"波利"坐下来,大口地喘息……从此,他再也不能到"沙径"上去散步了。

4月15日,埃玛把子女们都叫回家,来看望爸爸。达尔文十分高兴,他试着起床,与儿孙们一起吃顿饭。刚刚吃了几口,他就坐不住了,埃玛只好扶他躺在沙发上。

4月17日,他的身体出现了临死前的回光返照,他居然可以站起来走路了。他又想起了儿子法兰士的科学实验,他竟然走到实验地里,想替儿子做实验记录。

已经成为知名生物学家的法兰士,赶忙跑进了实验地,小心翼翼地扶住父亲,心疼地说:"爸爸,您不用再为科学实验操心了,请您放心,我会完成这些实验的。"

达尔文充满深情的叹息说:"孩子啊,除了科学研究,爸爸还能做什么呢?"

是的,对科学研究的热爱,已经渗透到他的每一个细胞！科研是与他的生命相伴终生的！

18日深夜，达尔文昏了过去。全家人呼喊，抢救，他又苏醒了过来。在弥留之际，他抓住妻子的手，说了两件事。

"埃玛，我死以后，你要拿出一部分钱来，资助出版我那第一本关于《物种起源》的笔记……"他停顿了一下，接着说："我亲爱的埃玛，您为我奉献了一生，在我多病的后半生，您没有一天离开过我，没有您的照顾我是不会有今天的。我要先您而去了……"

呕吐使他不得不停下来，老仆人贝西流着泪来打扫他吐出的黏液。他又断断续续地说："谢谢您，老贝西！"他又攥了一下埃玛的手说："她已经在我们家服务了30年，她退休时要送给她一幢小房子，每周最少要给10先令的养老金……"

他不得不停下来喘气，埃玛流泪说："查理，别说了，您不是写进了遗嘱吗……"

达尔文闭上了眼睛，他告别了这个世界。

时间是4月19日凌晨4时整，他享年73岁。

一颗科学巨星陨落了，全世界为之悲恸。沉痛悼念的唁电，从世界各地传来。

20名国会议员联名给威斯敏斯特教堂的教长博莱德雷博士写信，请求把英国人民的骄傲达尔文埋葬在伦敦威斯敏斯特教堂墓地。博莱德雷教长正在国外，得信后，他立即打电报同意了这一请求。

埃玛与孩子们却想把达尔文葬在他居住了40年的唐恩村。达尔文的好友拉卜克爵士说服了埃玛与孩子们，理由是达尔文是属于英国人民的，全世界的人民都深深地爱着他。

4月26日为达尔文举行了葬礼，站在最前排的是他的战友胡克博士、赫胥黎先生、华莱士先生、法拉尔牧师、拉卜克爵士，还有皇家学会主席斯波贴思乌、美国公使罗威尔、德温郡会爵等，除家人外，还有来自法国、德国、意大利、西班牙、俄罗斯的代表，各大学、各学术团体的代表。

达尔文躺在了大物理学家牛顿墓和大地质学家他的老师与朋友赖尔墓的中间，距牛顿墓只有几米。他的墓碑上刻着：

《物种起源》

及其他几部自然科学著作的作者

查理·罗拔·达尔文

生于1809年2月12日

卒于1882年4月19日

达尔文的碑文是如此的简短，朴实无华，可他那《物种起源》所代表伟大的科学成就却是一座高耸入云的不朽丰碑！

世界五千年科技故事丛书